어떻게
발견했을까요?

Original title: Che scoperta! Storie di idee fulminanti
ⓒ Text: Irene Venturi, 2012
ⓒ Illustrations: Francesca Carabelli, 2012
ⓒ Edizioni EL S.r.l., Trieste Italy, 2012
All rights reserved.
Korean Translation copyright ⓒ 2019 Younglim Cardinal Inc.
Korean edition published by arrangement with Edizioni EL S.r.l. through Icarias Agency.

이 책의 한국어판 저작권은 Icarias Agency를 통해 Edizioni EL S.r.l.와 독점 계약한 (주)와이엘씨에 있습니다.
저작권법에 의해 한국 내에서 보호를 받는 저작물이므로 무단전재와 복제를 금합니다.

어떻게 발견했을까요?

초판 1쇄 펴낸날 | 2019년 4월 20일
초판 5쇄 펴낸날 | 2023년 1월 30일

지은이 | 이레네 벤투리
그린이 | 프란체스카 카라벨리
옮긴이 | 황지민
펴낸이 | 양승윤

펴낸곳 | (주)와이엘씨
출판등록 | 1987. 12. 8. 제1987-000005호
주소 | 서울특별시 강남구 강남대로 354 혜천빌딩
전화 | 02-555-3200
팩스 | 02-552-0436
홈페이지 | www.aladinbook.co.kr

값 11,000원
ISBN 978-89-8401-472-5 73400

알라딘 북스는 (주)와이엘씨의 아동 전문 출판 브랜드입니다.

① 품명: 어떻게 발견했을까요?
② 제조자명: 알라딘북스
③ 주소: 서울시 강남구 강남대로 354
④ 연락처: 02-553-9761
⑤ 제조년월: 2023년 1월
⑥ 제조국: 대한민국
⑦ 사용연령: 6세 이상
⑧ 취급상 주의사항
 • 종이에 베이지 않도록 하세요.
 • 책의 모서리가 날카로우니 던지거나 떨어뜨려 다치지 않도록 주의하세요.
⑨ KC마크는 이 제품이 공통안전기준에 적합하였음을 의미합니다.

위대한 과학자들이 찾아낸
생활 속 반짝이는 아이디어

어떻게 발견했을까요?

글 이레네 벤투리 | 그림 프란체스카 카라벨리 | 옮김 황지민

알라딘 북스

 차례

소 한 마리 가죽으로 덮을 수 있는 땅 • 7

아르키메데스가 알아낸 순금 왕관의 진실 • 17

파라오 쿠푸의 피라미드 높이를 재라 • 28

망치 소리에서 발견한 피타고라스의 이론 • 38

갈릴레오의 천체 망원경 • 47

개미에게 배운 지렛대 원리 • 58

열기구를 만든 몽골피에 형제 • 67

색색의 타일과 피타고라스의 정리 • 77

밀랍 판에 적힌 비밀 메시지 • 86

세상의 모든 모래알을 셀 수 있는 기호 • 96

왕을 즐겁게 한 대가 • 105

신비로운 기호 '0' • 114

벤저민 프랭클린의 벼락 잡는 기계 • 122

태양 광선을 이용한 아르키메데스의 무기 • 129

토끼 이야기와 수열 • 140

소 한 마리 가죽으로 덮을 수 있는 땅

디도 공주는 페니키아(지금의 레바논·시리아·이스라엘 북부 등 지중해 동쪽 해안 지대의 고대 지명이자 도시 국가. 페니키아인들은 지중해 무역을 독점하였고, 지중해 연안의 넓은 지역에 카르타고를 비롯한 식민지를 건설하였으며, 알파벳의 기원이 되는 표음문자를 그리스에 전했다.)의 항구 도시인 티로스(레바논 남부 도시 수르의 옛 이름. 국제 무역 도시로 번성하였다.)의 왕 벨루스의 딸로 무척 아름다운 여인이었어요.

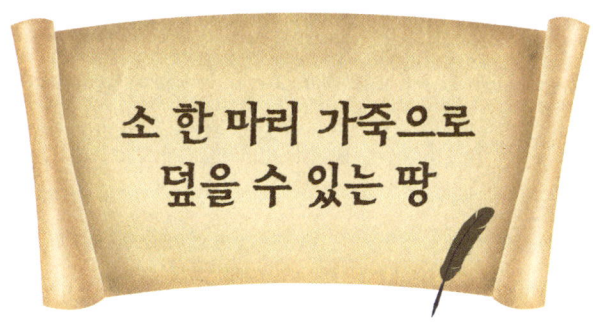

디도의 삶은 누구나 꿈꾸는

공주님 그 자체였어요. 그런데 그녀의 운명을 송두리째 바꿔 놓을 거센 바람이 불기 시작했어요. 그 바람은 아버지인 벨루스 왕이 세상을 떠나고 오빠인 피그말리온이 왕좌에 오르면서 시작되었어요.

악독한 성격의 피그말리온은 권력을 잡자마자 디도 공주의 남편을 죽일 것을 명령하고 그의 재산을 몽땅 차지해 버렸어요. 재산을 빼앗기고 혼자가 된 불쌍한 공주는 잔혹한 오빠로부터 도망치기 위해 동생 안나와 믿을 만한 신하, 그리고 백성

들을 데리고 사랑하던 나라 티로스를 떠나게 되었어요.

기나긴 항해의 날들이 계속되던 어느 날, 디도 공주와 일행은 아프리카 북부의 어느 눈부시게 아름다운 해안에 도착했어요. 당시에 그 땅에는 가이툴리인들이 살고 있었는데, '이아르비스'라는 왕이 다스리고 있었어요.

이아르비스 왕은 평소에 다른 나라 사람을 환대하지도, 자신의 땅을 내어 주지도 않는 왕으로 소문이 나 있었어요. 그래서 디도와 그의 신하들은 새로운 삶을 시작하기에 안성맞춤이었던 그 아름다운 곳을 하루빨리 떠나야 한다고 생각했어요.

그런데 디도 공주는 신하들과 동생 안나와 이야기를 나눈 후 기나긴 피난 생활에 그들이 얼마나 지쳐 있었는지를 알게 되었어요. 그래서 이런 생각을 했어요.

'이 땅은 정말 훌륭한 곳이야. 나는 공주로서 내 백성에게 희망을 줄 수 있는 방법을 찾아야만 해. 내가 가진 의상 중에 가장 화려한 옷을 입고, 가장 우아한 보석들로 치장하고 귀한 향수를 뿌린 후에 이아르바스 왕을 찾아갈 거야. 그가 자비를 베풀어 주기를 빌면서 말이지.'

그리하여 디도는 자신의 종들을 불러 다음과 같이 말했어요.

"내가 준비할 수 있도록 도와다오. 내일 아침 나는 이곳 왕에게 가서 땅을 조금 살 거야. 그리고 이곳에 우리의 새로운 도시를 건설할 거야."

이튿날 디도는 신하들과 함께 왕이 사는 궁궐로 향했어요.

"왕께 청이 있어 왔습니다."

공주는 예의바르게 말했어요.

디도를 보자마자 이아르바스 왕은 아름다움에 반한 나머지 그녀가 하는 말은 들리지도 않았어요.

"당신의 아름다움은 나같이 냉정한 왕의 눈도 멀게 할 정도라오. 당신의 부탁은 어느 것도 들어줄 수 없소. 하지만 나의 신부가 될 것을 청하오. 그러니 말해 보시오. 나의 청에 어떻게 대답할 것이오?"

왕은 공주의 아름다움에 감탄하며 이렇게 말했어요.

"당신과 결혼하지 않겠습니다! 제가 왕 앞에 나온 것은 당신의 신부가 되기 위함이 아니라, 아름다운 당신의 땅 일부를 제게 팔아달라는 청 때문이었습니다. 저와 제 신하들이 새로운 삶을 시작할 수 있도록 말입니다."

디도는 왕의 청혼을 딱 잘라 거절했어요.

이아르바스 왕은 공주의 말에 깜짝 놀랐어요. 그녀는 결혼하자는 자신의 제안을 거절했을 뿐만 아니라 자기 땅의 일부를 사겠다는 요청으로 감히 그에게 도전했던 거예요! 그래서 왕은 말도 안 되는 제안으로 공주를 골탕 먹이기로 마음먹었어요.

"나의 땅을 공주에게 팔지 않을 것이오. 그러나 소 한 마리 가죽으로 덮을 수 있을 만큼의 땅은 너그럽게 선물로 드리리다."

왕이 수염 아래로 미소를 지으며 대답했어요.

디도 공주는 왕의 말을 주의 깊게 들었어요. 그녀는 매우 아름다운 공주이기도 했지만 다른 무엇보다 정말 현명한 여인이기도 했어요. 그래서 이아르바스 왕이 자신과 자기 백성을 놀리고 있음을 알아챘어요. 공주는 화가 났지만, 땅의 일부라도 얻을 수 있는 기회를 놓치고 싶지 않았어요. 그래서 왕의 제안을 받아들였어요.

"전하, 너그러운 은혜 감사합니다. 내일 제가 가진 소 중에서 가장 큰 것을 잡아 그 가죽으로 전하께서 제안하신 땅의 일부를 취하겠습니다."

공주는 공손하게 대답했어요.

이아르바스 왕은 공주를 속였다고 생각하고 자신의 방으로 돌아가 참을성 있게 다음 날을 기다렸어요.

'불쌍한 디도, 내가 선물할 땅은 너무나도 작아서 자기 백성

들이 누워 잘 공간조차 되지 않는다는 것을 알게 되면 실망이 무척 크겠지!'

왕은 생각했어요

그동안 디도는 자기 백성에게로 가서 이아르바스 왕이 한 약속을 얘기해 줬어요. 그 말을 듣고 그녀의 신하 중 한 명이 절망스럽게 외쳤어요.

"공주님, 소 한 마리의 가죽으로 왕에게 받을 수 있는 땅이 얼마나 되겠습니까?"

"나의 충신들이여, 걱정하지 말거라. 일단 우리가 갖고 있는 가장 큰 소의 가죽을 준비해서 나에게 가져오도록 하여라. 그동안 내가 해결 방법을 생각해 볼 터이니."

디도는 침착하게 대답했어요.

"시키는 대로 할게요. 가장 큰 소를 잡아서 얼른 그 가죽을 드릴게요."

동생인 안나 공주가 대답했어요.

신하들이 소를 잡아 가죽을 만드는 데 힘을 쏟는 동안 공주는 땅을 얻을 방법을 찾고 또 찾았어요. 그러던 어느 날 기가 막힌 생각이 떠올랐어요.

'소가죽을 아주아주 가느다란 줄로 자른 다음 서로 묶어서 아주 긴 줄을 만드는 거야. 그것으로 우리 땅의 경계선을 정하면 돼.'

신하들이 소가죽을 가져오자 디도는 자신이 생각한 것을 설명했고 모두 힘을 모아 소 한 마리의 가죽만으로 2천 미터에 이르는 끈을 만들었어요.

작업이 끝나자 공주와 신하들은 몇 시간 동안이나 토론을 벌였어요. 바로 '가장 넓은 땅을 가지려면 어떤 모양의 땅이어야 하는가?'라는 문제가 있었기 때문이에요.

디도가 생각해 낸 땅의 경계선 문제는 그러니까 〈등주문제(경계의 길이가 일정한 평면 도형 중에서 그 내부의 넓이가 가장 큰 것은 어떤 도형인가에 관한 문제.)〉라고 하는, 매우 어려운 수학 문제를 다루는 것과 같았어요.

공주는 이 문제에 대한 해답도 생각해 두었지요. 끈을 원 모양으로 배치할 경우 이아르바스 왕이 선물할 땅이 가장 큰 넓이를 차지할 거라는 점을 이해했던 거예요.

그래서 공주는 신하들에게 이렇게 말했어요.

"최대한 넓은 면적의 땅을 얻기 위해서는 끈으로 원을 만들어야 해. 하지만 우리는 한쪽으로 해변도 포함하는 반원을 만들 거야. 그렇게 하면 바다로 나갈 수 있는 항구도 가질 수 있기 때문이지."

신하들은 공주의 현명함에 감격한 채 곧바로 이아르바스 왕의 땅에 소가죽 끈을 펼치기 시작했어요.

일이 끝나자 공주는 왕을 찾아가 이렇게 말했어요.

"왕이시여! 당신의 바람대로 소 한 마리만의 가죽으로 땅

의 경계를 정했습니다. 그러니 이제 당신의 약속을 지켜 주십시오."

이아르바스 왕은 자신이 공주에게 선물해야 할 땅의 넓이를 보고 너무나 기가 막힌 나머지 왕궁에 돌아가 한참 동안이나 나오지 않았어요.

그동안 디도 공주와 백성들은 자신들의 승리를 자축했답니다. 그들은 이렇게 해서 자신들의 도시, 훗날의 카르타고(고대 페니키아인이 북아프리카의 튀니스만 북 연안에 건설한 도시 국가.)를 세울 땅을 얻게 되었답니다.

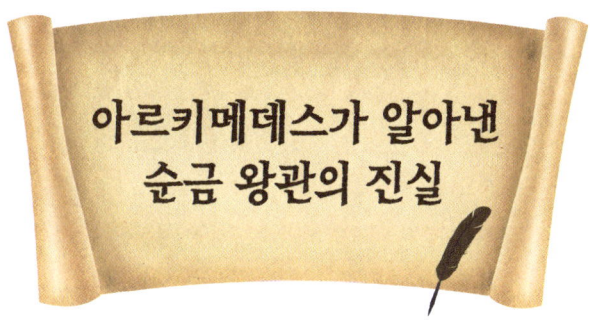

기원전 3세기 시라쿠사(이탈리아 남쪽 끝 시칠리아 섬에 있는 항구 도시.)는 히에론 왕의 통치를 받고 있었어요.

항상 자신이 속은 건 아닌지 의심이 많았던 히에론 왕은 늘 그랬듯이 위대한 발명가 아르키메데스(고대 그리스의 수학자이자 물리학자.)의 도움을 받고자 그를 궁궐로 불러들였어요.

"아르키메데스! 나를 괴롭히는 문제에 너의 지혜가 필요하다."

왕이 소리쳤어요.

"무엇이든 말씀하십시오, 전하. 도와드리겠습니다."

아르키메데스가 대답했어요.

"시라쿠사 최고의 귀금속 세공사에게 제단에 바칠 순금 왕관을 주문했다. 한데 그가 나를 속인 게 아닐까 의심스럽구나!"

왕이 자신의 고민에 대해 설명했습니다.

"속였다고요?"

아르키메데스는 깜짝 놀라서 되물었습니다. 세공사가 도대체 무엇으로 왕을 속였을지 알 수가 없었습니다.

왕은 이에 다음과 같이 답했어요.

"이 왕관은 겉으로 보기엔 순금으로 된 완벽한 왕관 같아 보이지만 내 생각에는 세공사가 금보다 가치가 떨어지는 물질과 섞어 만든 것 같아. 나를 놀릴 생각으로 말이야!"

왕의 말을 듣고 아르키메데스는 왕관을 들어 본 다음 지혜롭게 대답했어요.

"정말 완벽해 보입니다! 하지만 전하께서 진짜 순금인지 아닌지 의심이 생겼으니 그 질문에 대한 해답을 찾아보겠습니다."

"그렇게 해라. 내 의문에 대한 답을 찾아라. 그래야 내가 평안하게 지낼 수 있을 것이다!"

그제야 안심한 왕은 흐뭇한 목소리로 말했습니다.

하지만 아르키메데스는 왕이 낸 문제에 해답을 찾지 못할까 봐 걱정하며 자신의 연구실로 돌아갔어요.

'그 근사한 왕관을 만드는 데 세공

사가 어떤 금속을 사용했는지 어떻게 밝혀 낼 수 있을까? 그걸 녹일 수도, 조각조각 부수지도 못할 텐데!'

그는 생각했어요.

이 문제를 어떻게 풀어야 할지 몰라 걱정에 사로잡혀 있던 아르키메데스는 잠시 바깥 공기를 마시며 산책을 하기로 했어요. 그런 다음 긴장을 풀기 위해 목욕을 했어요. 과학자는 우선 욕조에 물이 가득 차도록 채웠어요. 그리고 벌거벗은 몸을 담갔어요.

그런데 아르키메데스는 자신이 욕조에 천천히 몸을 담그는 동안, 물이 욕조 밖으로 천천히 흘러내린다는 것을 깨달았어요.

순간 아르키메데스는 외쳤어요.

"바로 이거야! 내 몸이 차지하는 만큼의 물이 밖으로 넘쳐 나오는 거야!"

아르키메데스는 기발한 생각이 떠올랐던 거예요. 행복감에 사로잡혀 욕조 밖으로 뛰쳐나온 그는 시라쿠사의 거리를 벌거

벗은 채로 뛰어다니며 다음과 같이 외쳤어요.

"유레카(그리스어로 '찾았다' 또는 '알았다'는 뜻.)! 유레카!"

그런 다음 아르키메데스는 연구실로 돌아갔지만, 그가 시내를 벌거벗은 채 달렸다는 소식이 왕에게까지 전해졌어요.

다소 화가 난 히에론 왕은 당장 아르키메데스를 왕궁으로 불러들였어요.

"거리에 있던 많은 사람들이 환희에 가득 찬 너의 외침을 들었다더구나. 내 문제에 대한 해답을 찾았느냐?"

엄한 어조로 왕이 물었어요.

"전하, 정말 기가 막힌 생각이 떠올랐습니다! 하지만 먼저 실험을 해 봐야 하고 전하의 도움도 필요합니다."

아르키메데스는 무척 흡족해하며 대답했어요.

"내가 무엇을 도와주면 되느냐?"

왕이 의심스러운 목소리로 물었어요.

"전하의 왕관과 같은 무게의 금덩어리와 은덩어리를 구해 주십시오. 그러면 세공사가 전하를 속였는지 아닌지 증명해 보이겠습니다!"

아르키메데스가 대답했어요.

히에론 왕은 자신의 충성스러운 신하 한 명에게 당장 왕관과 무게가 같은 금덩어리와 은덩어리 하나씩을 구해 오라고 명령했어요. 그 신하는 나가더니 곧바로 아르키메데스가 요청한 금속 덩어리 두 개를 들고 나타났습니다. 하지만 히에론 왕은 신하의 손에 들린 덩어리 크기의 차이를 보고 어이가 없어서 엄한 목소리로 물었어요.

"왕관과 같은 무게를 가진 금덩어리 한 개와 은덩어리 한 개를 가져오라고 네게 명하지 않았느냐? 왜 크기가 다른 덩어리 두 개를 가져온 것이냐?"

"전하, 저는 금덩어리와 은덩어리 모두 무게를 재고 또 쟀습니다. 그런데 하나가 다른 것보다 커 보임에도 불구하고 둘 다 전하의 왕관 무게와 같았습니다. 부끄럽지만 왜 그런지 이유는 모르겠습니다."

충성스러운 신하가 대답했습니다.

그때 아르키메데스가 신하를 변호하기 위해 끼어들었어요.

"전하, 나무라지 마십시오. 전하의 신하가 잘못한 것이 아닙니다. 같은 무게일 때 은덩어리가 금덩어리보다 큰 것이 진실입니다!"

이렇게 말하고서 발명가는 왕에게 귀한 금속 덩어리 두 개 외에도 금으로 만든 왕관을 빌리는 데 성공했어요. 감사 인사를 한 후 그는 실험을 시작하기 위해 재빨리 연구실로 달려갔어요.
　아르키메데스는 우선 물을 가득 채운 통을 준비한 후 금덩어리를 담갔고 통 밖으로 넘치는 물을 모았어요. 그리고 똑같은 통에 물을 가득 채워 이번에는 은덩어리를 담그고 넘치는

물을 모았어요. 세 번째이자 마지막 실험에서는 물로 가득 채운 통에 히에론 왕의 왕관을 넣고 넘치는 물을 받았어요.

아르키메데스는 이처럼 두 개의 금속 덩어리와 왕관을 담갔을 때 통에서 넘쳐흐른 물의 양을 각각 모았어요.

'이제부터는 물의 양을 서로 비교해 보면 돼. 우선 히에론 왕의 왕관을 담갔을 때 넘친 물이 금덩어리를 담갔을 때 넘친 물의 양과 같은지 확인해 보겠어!'

그는 생각했어요.

이렇게 실험한 결과 아르키메데스는 놀라운 사실을 알게 되었어요. 그 둘의 양이 똑같지 않았던 것이죠! 금덩어리를 담갔을 때 넘쳤던 물의 양은 왕관을 담갔을 때 넘친 물의 양보다 적었던 거예요. 그리고 아르키메데스는 또 한 번의 실험으로 그 양이 은덩어리를 담갔을 때 넘치는 물의 양보다 적은 것도 알게 되었어요. 결국 아르키메데스는 세 경우 모두 넘친 물의 양이 서로 달랐음을 발견했어요.

"과연 히에론 왕의 생각이 옳았구나! 만약 왕관이 순금으로 만들어졌다면, 그것을 물에 담갔을 때 넘치는 물의 양은 금덩어리를 담갔을 때 넘친 물의 양과 같았을 거야. 하지만 사실은 그렇지 않았어. 그러니까 왕관은 금과 다른 물질을 섞어 만든 거야!"

아르키메데스가 외쳤어요.

히에론 왕의 고민에 대한 해답을 찾자마자 아르키메데스는 당장 왕에게 달려갔어요.

"제 실험이 방금 끝났습니다, 전하."

"그렇다면 말해 보아라. 세공사가 나를 속인 것이냐?"

히에론 왕이 궁금해하며 물었어요.

"불행하게도 그렇습니다, 전하. 왕관은 보기에는 완벽해 보이지만 금으로만 만들어진 것이 아닙니다!"

아르키메데스가 대답했어요.

"오, 그래? 아르키메데스, 어떻게 그것을 알게 되었는지 설명해 보아라."

히에론 왕은 감탄하며 말했어요.

아르키메데스는 히에론 왕의 모든 의문이 사라질 때까지 자신의 연구실에서 이루어진 모든 실험에 대해 자세하게 설명했어요.

"세공사가 나를 속였구나!"

이렇게 진실이 밝혀진 뒤, 아르키메데스는 자신의 일터로 돌아갈 자유를 얻었어요.

그런데 아르키메데스가 한 이 실험은 히에론 왕의 왕관 문제만 해결한 것이 아니었답니다. 그는 오늘날 〈아르키메데스의 원리(액체나 기체 속에 있는 물체는 그 물체가 차지한 액체나 기체의 부피만큼의 부력을 받는다는 법칙.)〉라고 불리는 위대한 발견을 한 것이었어요.

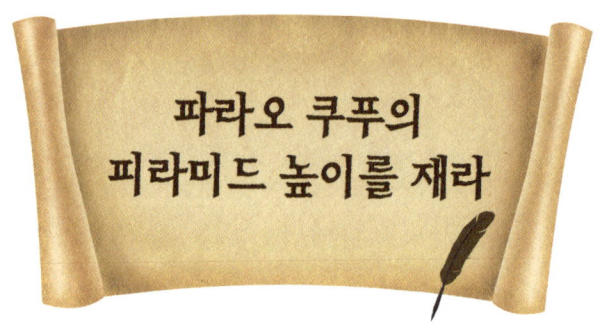

파라오 쿠푸의 피라미드 높이를 재라

　기원전 7에서 6세기 사이, 밀레투스(에게해의 이오니아 지방에 있었던 고대 그리스 최강의 도시 국가. 해외 무역으로 번창하였고 흑해 연안에 많은 식민지를 건설하였으며 밀레투스학파를 낳았다.)라고 하는 아름다운 도시에 탈레스(고대 그리스의 철학자이자 수학자. 일식을 예언하고 피라미드의 높이를 측정하였으며, 밀레투스학파를 창시했다.)라는 고대 그리스의 수학자가 살았어요.

　고대 로마의 소설가인 아풀레이우스의 말에 따르면 탈레스는 '기하학의 최초 발명가이자, 철저한 자연 관찰가 그리고 박식(지식이 넓고 아는 것이 많음.)한 별 연구가'였어요.

　어느 날 탈레스는 몇몇의 여행가들, 그리고 상인들과 함께

이집트의 신비롭고 장엄한 피라미드를 탐험하기 위해 긴 여행을 떠나게 되었어요. 일행은 이오니아 해변에서 닻을 올렸어요. 여행 중에 그들은 피라미드의 웅장함에 관한 이야기와 전설들을 서로 들려주었어요. 그리고 별이 빛나던 어느 날 밤, 여행가 중 한 명이 특별히 파라오 쿠푸의 피라미드에 얽힌 재미있는 이야기를 시작했어요.

"아주 먼 옛날 이집트의 위대한 파라오 쿠푸는 건축가들에게 커다란 피라미드를 만들 것을 명령했어요. 쿠푸는 다음과 같이 말했다고 해요.

  '이 피라미드의 규모는 인간을 위해 지은 것이라고 상상
  할 수 없는 크기여야 하느니라!'
건축가들은 파라오의 명령을 따르기 위해 작업을 시작하였
고 오랜 시간이 지난 뒤 파라오 쿠푸의 소원대로 어마어마
한 건축물이 완공되었어요. 그 피라미드가 얼마나 크고 웅
장한지 2천 년 동안 그 누구도 높이를 재지 못했다고 해요."
여행가가 이야기를 끝맺으며 말했어요.

이야기를 주의 깊게 듣던 탈레스는 전설일 뿐이라고 생각하며 혼잣말로 이렇게 중얼거렸어요.

"그 피라미드는 지구상에서 완성된 가장 크고 웅대한 건축물이겠지만 인간의 손에 의해 탄생했으니 측량(기기를 써서 물건의 높이, 깊이, 넓이, 방향 등을 잼.) 또한 인간이 할 수 있을 거야! 배에서 내리면 파라오 쿠푸의 피라미드로 가서 내가 그 높이를 재 봐야지."

탈레스와 일행은 몇 날 며칠을 항해하며 나일강을 거슬러 올라갔어요. 그리고 마침내 피라미드 앞에 도착했어요.

배에서 내리자마자, 일행은 넓은 사막으로 달려갔는데 그곳

엔 건축물 세 개가 우뚝 솟아 있었어요.

"나는 태어나서 한 번도 이렇게 먼 거리에서 알아챌 수 있을 만큼 커다란 건축물을 본 적이 없어! 저 세 개의 건축물 중에서 가장 장엄한 파라오 쿠푸의 피라미드를 어서 빨리 보고 싶어."

탈레스는 넋이 나간 채로 소리쳤어요.

순식간에 피라미드의 코앞까지 다다른 탈레스는 그 장대함에 어찌나 어안이 벙벙했는지 뜨거운 태양 아래 주저앉았어요. 그리고 얼떨떨한 채로 생각에 잠겼어요.

'배에서 여행가가 들려준 이야기가 사실이었어. 파라오 쿠푸는 정말로 깜짝 놀랄 만큼 크고 위대한 건축물을 만들었어. 과연 내가 저 높이를 측량할 수 있을까? 세상에 존재하는 그 어떤 측량 도구로도 할 수 없을 거야!'

이런 생각에 잠겨 있던 탈레스는 뜨거운 모래 위에서 그의 몸이 만들어 낸 어두운 흔적인 그림자가 천천히 그 모양을 바꾸는 모습에 잠시 한눈을 팔게 되었어요.

호기심이 생긴 탈레스는 이 그림자 현상을 자세히 관찰해 보기로 했지요. 태양이 하늘 높이 올라갈수록 그림자는 점점 작아지고 또 작아졌어요.

"맞아, 이거야!"

탈레스가 갑자기 흥분해서 외쳤어요.

"태양의 빛나는 광선은 모든 물체를 크기와 구별 없이 비추고 있어. 그리고 땅 위에 각각의 그림자를 만들지. 그러니까 태양 광선은 나처럼 아주 작은 사람이나 저 거대한 피라미드도 같은 방법으로 비추는 거야."

이렇게 중얼거린 그는 눈을 들어 건축물을 바라보며 다음과 같이 말했어요.

"하지만 어떤 물체의 높이를 그림자로 정확히 알려면 어떻게 해야할까?"

탈레스는 아직도 많은 의문점을 갖고 있었어요. 사물의 그림자와 그 높이 사이의 관계를 이해하기 위해 한참이나 생각해야 했죠. 그리고 이렇게 생각을 정리했어요.

'태양 광선이 모래 위에 비추는 내 그림자가 어느 시점에 내 키와 정확하게 일치하는지 찾게 되면, 피라미드의 높이를 잴 수 있을 거야. 그 일이 실제로 일어나는지 증명하기만 하면 되는 거야. 내일 당장 실험을 해 봐야지.'

다음 날 동틀 무렵, 탈레스는 자신의 키를 잰 뒤 그 숫자를 기록했어요. 그리고 막대기 하나를 들고 모래 위에 반지름이 정확히 자신의 키와 일치하는 원을 그려서 한 가운데에 발을 가지런히 놓고 서 보았어요.

'어제 내 그림자는 태양이 하늘 높이 올라갈수록 작아졌어. 오늘은 해가 뜰 때부터 질 때까지 매분마다 그림자를 관찰해서 진실을 알아내겠어.'

탈레스는 이렇게 생각하며 그 자리에 그대로 서서 자신이 생각했던 일이 일어날 때까지 참을성 있게 기다렸어요. 마침내 바라던 일이 일어났어요.

'됐어! 정확히 지금 이 순간 내 그림자의 맨 끝이 내가 그린 원과 맞닿았어. 그러니까 내 그림자가 정확히 내 키를 나타내고 있는 거지! 피라미드도 마찬가지일 거야. 이제는 파라오 쿠푸의 피라미드 그림자 움직임을 따라가 줄 조수를 구해 그와 함께 이 실험을 똑같이 해 봐야겠어!'

다음 날이 되자 탈레스는 막대기와 밧줄, 나무못을 들고 조수와 함께 피라미드 부근을 향해 갔어요. 그런 다음 반지름이 정확히 자신의 키만 한 원을 모래 위에 그린 후 그 중심에 똑

바로 섰어요. 그리고 조수를 향해 돌아서면서 말했어요.

"내가 신호를 줄 때까지 파라오 쿠푸의 피라미드 그림자 움직임을 따라가게. 내가 '지금이야!'라고 외치면, 이 나무못으로 그 그림자가 도달한 지점을 표시해 주게."

탈레스의 설명이 끝나자 실험이 시작되었어요. 탈레스는 햇빛에 따라 생기는 자신의 그림자를 눈으로 쫓았고 그 그림자의 끝자락과 모래 위에 그린 원의 둘레가 맞닿을 때까지 기다

렸어요.

'지금이 완벽한 순간이야!'

이렇게 생각한 순간 탈레스는 당장 있는 힘을 다해 소리쳤어요.

"지금이야!"

한 걸음 한 걸음 파라오 쿠푸의 피라미드 그림자를 따라가던 조수는 그 외침을 듣자 곧바로 나뭇못을 모래 위에 꽂았어요. 이 방식으로 거대한 건축물이 만들어낸 그림자의 맨 끝

점이 표시되었죠. 곧이어 탈레스가 조수 있는 곳으로 달려갔어요.

"밧줄을 나무못에 묶게. 내가 이 밧줄을 다시 피라미드의 발치까지 가져가 길이를 잴 것이네."

피라미드 아래까지 달려갔다가 잠시 후 다시 조수에게로 돌아온 수학자는 무척 기뻐하며 소리쳤어요.

"내가 피라미드의 높이를 쟀어! 세상에서 가장 큰 피라미드의 높이를 쟀다고!"

이처럼 탈레스는 단지 밧줄 한 개와 번뜩이는 생각 하나만으로 피라미드의 높이를 측량했어요. 파라오 쿠푸의 피라미드가 지어진 지 2천 년이나 지나서야 높이를 잰 것이죠!

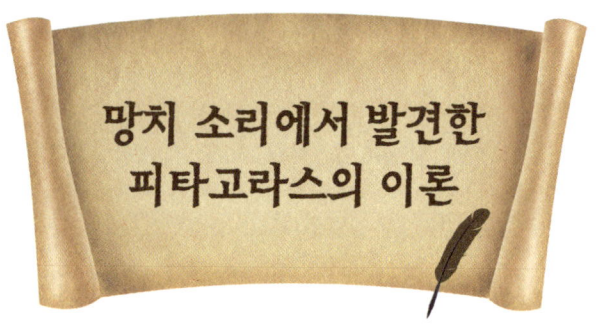

망치 소리에서 발견한 피타고라스의 이론

　수백 년 전 어느 날 고대 도시 **크로토네**(고대 그리스 시대 이탈리아 남부 칼라브리아에 있던 항구 도시.)에서 산책을 하던 **피타고라스**(고대 그리스의 철학자이자 수학자. 세상 모든 것의 시작을 '수'로 보았으며, 피타고라스의 정리를 최초로 증명했다.)는 대장장이의 작업장 근처를 지나가게 되었어요. 그곳에서는 다양한 소리가 들려왔는데 듣기 좋은 달그랑거림이 있는가 하면 기분 나쁘게 들리는 시끄러운 소리도 있었어요.

　호기심이 생긴 피타고라스는 작업장에 들어가 보았어요. 그곳에서는 부지런한 대장장이가 다양한 망치로 철을 두드리고

있었어요.

"들어오세요, 들어오세요! 누추한 작업실이지만 어서 오세요. 제가 뭐 도와드릴 일이 있나요?"

대장장이의 물음에 피타고라스는 다음과 같이 대답했어요.

"근처를 지나가다가 이 작업실에서 들려오는 소리에 이끌려 들어왔어요."

"철을 다룰 때는 매우 시끄러운 소리가 나지요. 혹시 그 소리가 선생님께 방해가 되었나요?"

대장장이가 물었어요.

"아니, 아니에요."

피타고라스는 단숨에 대답한 뒤 다시 물었어요.

"소리 때문에 방해가 된 게 아니라 오히려 빠져들게 되었습니다. 그래서 말인데요, 어째서 당신의 작업장에서는 듣기 좋은 달그랑거림과 귀청을 찢는 듯한 시끄러운 소리가 동시에 나오는 건가요?"

뜻밖의 질문에 대장장이는 깜짝 놀라며 그 소리들은 자신의 작업에 배경음악처럼 늘 함께한다며 이렇게 설명했어요.

"제가 철을 두드릴 때 쓰는 망치에 따라 소리가 달라집니다. 망치가 바뀌면 소리도 바뀌죠. 하지만 왜 그런지는 설명 드리지 못하겠어요. 직접 한번 들어보시겠어요?"

"물론이죠! 그 소리를 들려주실 수 있다면 더할 나위 없이 좋을 거예요. 그리고 괜찮으시다면 제 연구를 위해 기록도 좀 할게요."

점점 더 호기심이 발동한 피타고라스는 대장장이에게 이렇게 대답했어요.

대장장이는 여기저기서 무게가 각기 다른 망치를 가져왔어요. 그런 다음 이들이 만드는 달콤하고 때로는 거슬리는 모든 소리를 피타고라스에게 들려주기 위해 철을 두드리기 시작했어요.

피타고라스는 망치 소리 실험을 종이에 기록했어요.

실험 1

두 개의 망치, 하나가 다른 것의 2배 무게일 때 = 조화로운 소리.

실험 2

두 개의 망치, 하나가 다른 것의 1.5배 무게일 때 = 거의 조화로운 소리.

모든 실험이 끝나자 피타고라스는 대장장이의 친절에 진심으로 감사 인사를 하고 떠났어요.

'정말 이상하군! 이 현상을 어떻게 과학적으로 설명할 수 있을까?'

수학자 피타고라스는 집으로 돌아가면서 생각했어요.

그 뒤 피타고라스는 몇 날 며칠을 실험하고 연구하며 생각하고 또 생각했어요. 그리고 마침내 대장장이 망치의 달그랑거리는 소리의 비밀을 푸는 데 성공했어요. 자신이 발견한 것을 제자들에게 알려 주어야겠다고 결심한 피타고라스는 자신이 선생님으로 가르치는 학교로 향했어요.

"이 대장장이는 매우 친절하게도 무게가 각기 다른 망치로 철을 두드렸을 때 나는 소리를 전부 들려주었네. 나는 그 각각의 소리를 기록했지. 그리고 기록한 것을 연구한 결과 망치의 무게와 그것들이 만들어 내는 소리 사이에 중요한 상관관계(두 가지 가운데 한쪽이 변화하면 다른 한쪽도 따라서 변화하는 관계.)가 있음을 발견했네."

피타고라스가 자신의 제자들에게 설명했어요.

"스승님, 어떤 진리를 알아내셨습니까?"

가장 나이가 많은 제자가 감탄하며 물었어요.

"만약 망치 하나의 무게가 다른 것의 두 배면, 그 둘이 만들어 내는 음은 같았어. 전문 용어로는 음이 서로 한 옥타브(어떤 음에서 완전 8도의 거리에 있는 음. 물리학적으로는 진동수가 두 배가 되는 음정.) 차이가 난다고 하지. 예를 들어 볼까? 만약 어느 망치가 '도' 소리를 낸다면, 그 두 배로 무거운 망치 또한 '도' 소리를 낸다는 거야! 그런데 놀라운 발견은 이 상관관계만으로 끝나

지 않는다는 점이야. 만약 망치 중 하나의 무게가 다른 것의 1.5배라면, 그것들이 만들어 내는 음 또한 조화로웠어. 실제로 이들은 음의 차이가 5도 나지."

"음이 서로 5도 차이가 난다는 것이 무슨 뜻인가요?"

경험이 아직 별로 없는 젊은 제자가 물었습니다.

"그건 매우 간단해! 음악의 7개 음을 기억해 보게. 도, 레, 미, 파, 솔, 라, 시. 만약 두 망치 중 하나가 '레' 음을 낸다면 1.5배 더 무거운 망치는 '라' 음을 낼 거네. 또 '미' 음을 낸다면 이번에는 '시'음을 낼 걸세. '미' 음에서 출발하여 세어 보면 다섯 번째 음이 있어. 바로 '미, 파, 솔, 라, 시'이지."

"정말 놀라운 발견입니다! 그런데 이 발견이 단지 대장장이의 망치의 소리에만 적용되는 걸까요?"

제자들 중 한 명이 놀라워하며 물었어요. 피타고라스는 제자의 질문에 만족스러워하며 대답했어요.

"좋은 질문일세. 곧 그 질문에 답할 수 있는 나의 다른 실험을 보여 주겠네."

며칠 뒤 피타고라스는 제자들을 불러모아 자신의 실험 결과를 들려주었어요. 그는 현악기가 만들어 내는 소리를 실험하기 위해 매우 가느다란 황소 신경을 구했다고 했어요.

"나는 황소의 신경을 끊어질 때까지 당겼네. 그리고 당겼다 풀었다 하면서 소리를 내보았지. 그러다가 마침내 조화롭지 못한 소리 대신 조화롭고 아름다운 소리를 얻을 수 있는 규칙을 발견했다네."

"무엇을 발견하셨나요?"

몇몇 제자들이 궁금증을 참지 못하고 물었어요.

"놀랍게도 현악기가 만들어 내는 음에도 대장장이 망치 원칙이 적용된다는 것이었어. 하지만 이 경우에는 무게가 차이를 내는 것이 아니라, 음을 내는 줄의 길이가 그 역할을 했어."

피타고라스의 제자들은 스승의 발견에 몹시 흥분하며 다음 설명을 기다렸어요.

"만약 줄 하나가 다른 것 보다 두 배로 길면, 그들은 한 옥타브 차이가 나는 음을 내게 돼. 예를 들어 볼까?"

"네, 스승님!"

제자들이 한 목소리로 대답했어요.

"만약 가장 짧은 줄이 '레' 소리를 내면, 그 두 배로 긴 줄 역시 '레'음을 내는 걸세. 그러나 만약 어떤 줄이 다른 줄보다 1.5배 길면, 그 둘은 음 차이가 5도 나는 음, 즉 레와 라 또는 미와 시를 냈지."

"그럼 이제 모든 실험을 끝마치신 건가요?"

가장 나이든 제자가 물었어요.

"물론이네. 모든 실험을 끝내고 관찰한 것을 기록했지. 그리고 매우 중요한 이론을 추론(어떠한 판단을 근거로 삼아 다른 판단을 이끌어 냄.)해 냈다네. 모든 음은 서로 특정한 무게 관계가 있는 망치들로 소리를 냈을 때 달콤하고 조화로운 소리를 낸다는 거야. 그리고 똑같은 원칙이 줄의 길이에 따른 음에도 적용된다는 것도 알아냈네. 이제 우리가 할 일은 함께 연구하고 이론을 발전시켜 다음 세대에 전하는 일이네."

피타고라스가 대답했어요.

이렇게 해서 피타고라스는 크로토네에 살던 대장장이의 망치 소리에서 음표와 숫자를 묶는 놀라운 이론을 발견했답니다.

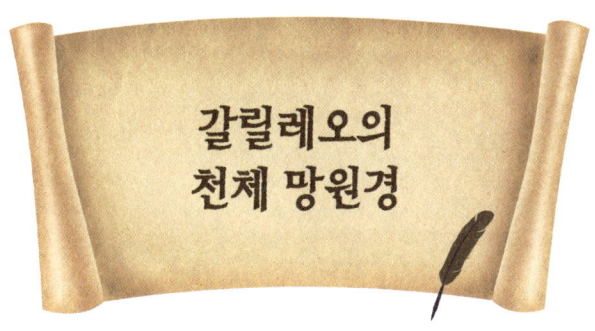

갈릴레오의 천체 망원경

　17세기 초 베네치아(이탈리아 북부 아드리아해 북쪽 해안에 있는 항구 도시.)를 방문한 한 네덜란드 사람의 소식이 이탈리아 전국 방방곳곳으로 퍼졌어요.
　"그 네덜란드 사람이 마우리치오 백작에게 렌즈로 만든 특별한 기구를 선보였는데, 백작님이 그 발명품을 무척 놀라워했다는군요!"
　이 같은 소식은 사람들의 입에서 입으로 전해졌어요.
　그리고 이 소식은 곧바로 과학자와 발명가들의 귀에까지 들어갔어요. 그들은 모두 백작을 흥분하게 한 경이로운 기구가

무엇인지 궁금해했어요.

　입에서 입으로 전해지던 이야기는 다음과 같이 이어졌어요. "그 '망원경'이라는 것만 있으면 멀리 있는 물체를 가까이 있는 것처럼 볼 수 있대요. 게다가 너무나도 분명하게 볼 수 있어서 마치 손으로 만질 수 있을 것 같다죠."

　이 소식은 곧 갈릴레오 갈릴레이(이탈리아 르네상스 말기의 물리학자·

천문학자·철학자.)에게도 전해졌어요. 과학자 갈릴레오는 마침 그 네덜란드 사람이 베네치아를 방문하던 그때 베네치아에 머물고 있었어요. 그는 신비로운 망원경의 소식을 듣자마자 그 뒤에 어떤 기술이 숨겨져 있는지 알고 싶어졌어요.

'파도바(이탈리아 동북부 베네치아 서쪽에 있는 도시.)로 돌아가는 길에 내내 이 문제에 대해 생각해 봐야겠어. 자고로 과학자는 의문이나 확실하지 않은 상태를 그대로 두지 않는 법이니까!' 갈릴레오는 혼잣말로 중얼거렸어요.

그렇게 베네치아에서 파도바로 향하는 동안 갈릴레오의 유일한 생각은 네덜란드 사람이 만든 망원경과 그 비밀에 관한 것이었어요.

'파도바에 도착하자마자 연구실로 가야겠어. 그곳에 도착하면 내가 갖고 있는 모든 렌즈를 모아서 망원경에 어떤 기술이 숨겨져 있는지 이해할 때까지 내 모든 생각을 실험해 보겠어.'

그는 생각했지요.

기나긴 여정 끝에 과학자는 마침내 실험 기구로 가득 찬, 사랑하는 자신의 작은 연구실에 도착했어요.

'우선 내가 갖고 있는 렌즈 세 개부터 찾아야겠어. 첫 번째는 서랍 속 최근 실험을 기록한 서류들 사이에 있을 것이고, 다른 하나는 문 옆의 탁자 위에 있어. 그리고 마지막은 어디에 뒀더라?'

갈릴레오는 고개를 갸우뚱거리며 스스로에게 물었어요.

"도대체 세 번째 렌즈를 어디에 두었을까?"

그는 직접 렌즈를 찾아 나서며 말했어요.

"아, 저기 있군! 저기, 바로 창가에 있었어. 이제 실험을 시작할 수 있겠군!"

그는 만족스럽게 외쳤어요.

그리고 렌즈를 다 찾은 그날 밤 갈릴레오는 생각했어요.

'그 네덜란드 사람의 망원경에는 하나의 렌즈만 쓰였을 리가 없어. 렌즈는 오목 렌즈, 볼록 렌즈, 그리고 납작한 렌즈 이 세 가지 종류만 존재해. 그런데 이 중 어느 것도 하나만으로는 그런 기술을 만들어 내지 못하지!'

이렇게 생각했지만, 어쩌면 자신의 기억이 잘못되었을지도 모른다는 의심이 들었어요. 그래서 의심을 떨쳐 버리기 위해 갈릴레오는 가운데가 두껍고 가장자리가 얇아 볼록 렌즈라고 불리는 첫 번째 렌즈를 집어 들어 연구실 반대편 바닥에 놓인 물건을 관찰하기 시작했어요.

 "이 렌즈는 가까이 있는 물체를 확대시키긴 하지만 멀리 있

는 물체의 모습을 크게 보이게는 하지 않아. 내 기억이 틀리지 않았군! 그렇다면 볼록 렌즈는 네덜란드 사람의 망원경이 숨기고 있는 비밀이 아니야."

갈릴레오는 자신의 첫 번째 실험이 외부에 새어 나가는 것을 걱정하기라도 하는 사람처럼 조용히 속삭이듯 말했어요. 그런 다음 볼록 렌즈를 내려놓고 다른 하나를 집어 들었어요. 이 렌즈는 첫 번째 것과 다른 모양이었어요. 가운데 부분이 더 얇고 가장자리로 갈수록 더 두꺼워졌어요. 하지만 오랜 시간 창가에 있었기 때문에 너무나 더러워져 있었어요.

"이렇게 먼지를 뒤집어쓰고 있으면 내가 너를 통해 무엇을 관찰할 수 있겠니?"

갈릴레오는 작은 천 조각을 가져다 굉장히 섬세하게 렌즈를 닦았어요. 덕분에 렌즈를 그 어느 때보다 반짝거렸어요.

"내 기억에 의하면 오목 렌즈는 모든 걸 작아 보이게 하지!"

아까와 같이 연구실 끝에 있는 물체를 관찰하면서 그가 말했어요.

"이번에도 내 기억이 틀리지 않았어! 너는 물체의 모양을 축소시키지. 너 또한 네덜란드 사람의 망원경 렌즈가 아니야."

갈릴레오는 약간 초조해진 말투로 말을 맺었어요.

갈릴레오에게는 이제 실험할 수 있는 마지막 세 번째 렌즈만 남아 있었어요.

"이 렌즈는 중심 부분이나 가장자리 어느 곳도 두껍거나 더 얇지 않고 전체가 납작해. 따라서 이 렌즈는 눈에 보이는 물체를 확대하거나 축소시키지 않을 거야!"

그는 작은 소리로 말했어요.

그리고 이번에도 갈릴레오는 틀리지 않았어요! 세 번째 렌즈를 통해 연구실 끝에 놓인 물체를 관찰하면서, 과학자는 아무런 변화도 보지 못했어요. 그 물체의 모습은 확대되지도, 축소되지도 않았지요.

"과연 렌즈 하나만으로는 네덜란드 사람의 망원경이 만들어 낸다는 효과를 볼 수가 없군."

갈릴레오는 이렇게 결론을 내렸어요.

밤은 깊어갔지만 갈릴레오는 전혀 잠이 오지 않았어요. 그는 머릿속에서 끝없이 꼬리에 꼬리를 무는 생각들에 귀를 기울이느라 뜬눈으로 연구실에 남아 있었지요.

"만약 렌즈 하나만으로 네덜란드 사람이 만든 망원경과 같은 효과를 만들어 낼 수 없다면, 두 개를 가지고 실험해 보겠어. 하지만 아무 렌즈나 쓰진 않을 거야. 납작한 렌즈는 아무것도 변형시키지 않기 때문에 오목 렌즈와 볼록 렌즈의 조합(여러 개 가운데에서 몇 개를 순서에 관계없이 한 쌍으로 뽑아내어 모음. 또는 그 짝.)을 시도해 보겠어!"

갈릴레오는 혼잣말을 했어요.

과학적 발견에 천재적 재능을 가진 갈릴레오는 하룻밤 만에 네덜란드 사람의 망원경 원리를 이해하고 그 다음 날에는 심지어 새로운 도구를 만들 아이디어까지 생각해 냈어요. 그는 오목 렌즈와 볼록 렌즈를 하나씩 가져와 두 개를 붙인 뒤 들여

다보았어요. 그 결과 이 두 렌즈가 멀리 있는 것을 가까이 있는 것처럼 보이게 한다는 사실을 발견했어요.

"하지만 난 아직 만족스럽지 않아. 물체들의 모습이 충분히 선명하지 않아! 만약 더 정확한 렌즈를 구할 수 있다면 분명 사물을 더 잘 관찰할 수 있을 거야."

무척 안타까운 마음에 갈릴레오는 맞춤 렌즈를 만드는 일에 더 최선의 노력을 기울였고, 결국 무척 정밀한 새로운 도구를 만들어 냈어요. 이를 완성하기 위해 계속 실험하고 공부하면서 말이죠.

이후 갈릴레오는 파도바에 있는 자신의 연구실에서 나와 그 망원경으로 하늘을 관측하기 시작했어요. 최초로 천체를 관측할 수 있는 천체 망원경을 만든 것이지요.

1609년 말의 별이 빛나던 어느 날 밤, 갈릴레오는 자신의 망원경이 하늘을 향하게 했어요. 그리고 별들의 반짝거림과 경이로움 사이로 자연 그대로 눈부신 모습을 드러낸 달을 보게 되었어요.

"나의 달아! 너는 마치 지구처럼 기복이 많은 산맥, 크고 작은 평야와 분화구를 갖고 있구나. 이렇게 너의 빛나는 모습을 볼 수 있다니! 수백 년 동안 너의 아름다움은 지구상의 불가사의로 남아 있었는데 지금 네가 내 눈 앞에 벌거벗은 채로 그 모습을 드러냈구나."

갈릴레오는 흥분해서 외쳤어요.

새롭게 알게 된 놀라운 세계에 감격하며 갈릴레오는 무려 석 달 동안 망원경을 통해 보이는 것들에 대해 관측하고 기록했어요. 그러다 어느 날 그는 자신이 발견한 것들을 세상에 공개하기로 마음먹고 이렇게 외쳤어요.

"내가 발견한 사실들을 책을 써서 발표하겠어!"

그렇게 해서 1610년 3월 13일 세상은 갈릴레오가 자신의 천체 망원경으로 관찰하며 감탄하고 발견한 별들의 세계에 대해 알게 되었어요.

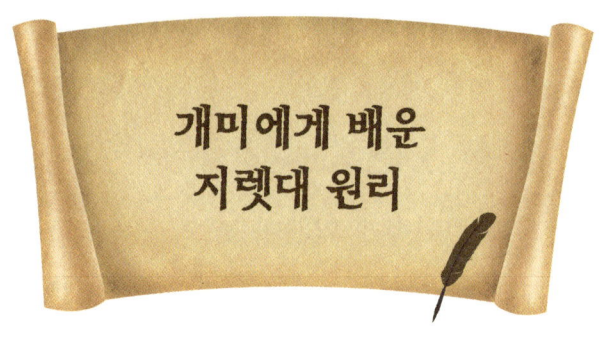

개미에게 배운 지렛대 원리

　기원전 3세기 히에론이라는 이름의 사나운 폭군이 시라쿠사를 다스리고 있었어요.

　히에론 왕은 위대한 과학자이자 발명가 아르키메데스를 무척 아꼈어요. 아르키메데스는 대중들 앞에 엉뚱한 모습으로 나타나는 것으로 유명했죠. 예를 들면, 한번은 자신의 새로운 과학적 발견에 기쁜 나머지 벌거벗은 채로 다음과 같이 외치며 뛰어다녔다고 해요.

　"유레카! 유레카!"

　어느 날이었어요. 히에론 왕이 도시에서 가장 유능한 건축

가와 발명가 들을 불러들여 이렇게 발표했어요.

"나의 신하들이여, 왕궁으로 사용할 크고 화려한 건물을 만들고 싶구나!"

왕의 한마디에 작업이 시작되었어요.

히에론 왕은 매일매일 건설 현장을 방문하며 모두가 자신의 임무를 잘 수행하는지 확인했어요. 그리고 건축가들에게 자신이 원하는 대로 빠르고 웅장하게 건물을 지을 것을 재촉했어요.

하지만 그러한 재촉에도 불구하고 작업은 느리게 진행되었어요. 어찌나 느렸던지 하루는 히에론 왕이 화가 나서 건축가들을 전부 왕궁으로 불러들였어요.

"내 왕궁이 왜 아직도 완공이 안 되었는지 설명해 보거라!"

그는 버럭 소리 질렀어요.

건축가들은 히에론 왕이 자신들에게 벌을 내릴 것이라는 생각에 벌벌 떨며 다음과 같이 공손히 대답했어요.

"전하, 왕궁이 아직 완성되지 못한 이유는 전하께서 원하셨던 대로 장엄하고 견고한 왕궁을 지으려고 세상에서 가장 큰 대리석 조각들을 주문했기 때문입니다. 그 대리석 조각들은 너무 무거워서 그것들을 운반하려면 수많은 힘센 일꾼 여러 명과 아주 오랜 시간이 필요합니다."

히에론 왕은 건축가의 솔직한 답에 더 이상 화내지 않고 생각에 잠긴 채 궁으로 돌아갔어요. 그는 이 문제를 해결해 줄 수 있는 사람이 누가 있을까 생각했어요. 새로운 궁전을 짓는 데 너무 많은 시간을 기다릴 수가 없었기 때문이에요.

생각하고 또 생각한 히에론 왕은 과학자이자 발명가인 아르키메데스를 기억하고 그를 당장 왕궁으로 불러들였어요.

왕 앞에 다다른 아르키메데스는 왕의 이야기를 조용히 듣더니 기꺼이 명령을 받들겠노라고 답했어요.

다음 날 아르키메데스는 히에론 왕과 함께 건설 현장으로 향했어요. 그곳에서 건축가들은 아르키메데스에게 거대한 대리석 조각을 들어 올려서 수레로 옮기는 일이 얼마나 어려운지를 설명했어요. 그리고 고작 몇 센티미터 옮기는 데에(그게 가능했을 때) 얼마나 많은 일꾼과 힘이 필요한지도 직접 보여 주었죠.

아르키메데스는 이 문제를 해결할 수 있는 방법을 찾겠다고 그들에게 약속했어요. 그런 다음 생각을 정리하고자 자신의 집으로 돌아갔어요.

하지만 아르키메데스는 바로 연구실로 들어가지 않고 정원을 이리저리 돌아다니며 생각하기 시작했어요. 그러다 너무 지친 나머지 의자에 걸터앉아 땅을 내려다보았어요.

그 순간 아르키메데스는 돌멩이와 잔디 사이에서 열심히 일하고 있는 일개미 무리에 시선을 뺏겼어요. 개미들은 빵 부스

러기와 얇은 나뭇가지들을 운반하고 있었죠.

'불쌍하기도 해라. 자신들보다 훨씬 무거운 빵 조각을 운반해야 하다니…….'

아르키메데스가 씁쓸한 기분으로 생각했어요.

개미들이 천천히 움직이는 모습을 지켜보던 아르키메데스는 운반하던 빵 조각을 놓치는 바람에 멈춰 서는 개미 한 마리를 발견했어요.

'이런! 이 개미는 저 빵 조각을 다시 들어 올릴 수 없을 거야. 이제 어떻게 한담?'

아르키메데스는 스스로에게 물었어요.

하지만 바로 그 순간 아주 흥미로운 움직임을 목격하게 되었어요. 몇몇 개미들이 떨어진 빵 조각과 멈춰선 동료 개미의 주위로 모여들기 시작한 것이었어요.

가장 큰 개미가 단단해 보이는 가지를 하나 가져오더니 그것을 돌멩이 위에 얹고는 한쪽 끝을 빵 조각 밑으로 밀어넣었어요.

그동안 다른 개미는 비어 있는 가지 끝으로 가더니 잽싸게 뛰어올랐어요. 그 순간 반대편 가지가 땅에서 들리며 기다리

고 있던 개미의 등 위에 빵 조각을 올려놓았어요. 그제야 개미들은 각자 위치로 돌아가 가던 길을 가기 시작했어요.

그 모습을 보던 아르키메데스는 충격을 받은 듯 잠시 꼼짝하지 않았어요. 그러다 갑자기 펄쩍 뛰어오르며 소리쳤어요.

"그렇지, 저렇게 하면 되는 거야! 이 방법대로 하면 히에론 왕의 대리석들을 들어 올릴 수 있어!"

그는 당장 궁으로 달려가 왕에게 말했어요.

"전하, 저에게 풀어 달라 요청하셨던 문제에 대한 해답을 찾았습니다. 내일 건축가들에게 가서 거대한 대리석 조각들을 어떻게 들어 올릴지 설명하겠습니다."

히에론 왕은 이 소식에 기뻐하며 아르키메데스에게 필요한 것이 무엇인지 물었어요. 그러자 그는 이렇게 대답했죠.

"너비가 손바닥만 하고 길이가 손바닥 스무 개 정도 되는 철로 만든 지렛대(무거운 물건을 움직이는 데에 쓰는 막대기.)가 여러 개 필요합니다."

곧 필요한 모든 것이 건설 현장으로 보내졌어요. 그리고 다음 날 아르키메데스는 건축가들에게 대리석 조각을 들어 올리는 데 그 지렛대를 어떻게 쓰는지 가르쳐 주었어요. 바로 개미들이 했던 것처럼 말이죠.

그렇게 해서 지렛대의 원리가 탄생했어요.

이 소식은 빠르게 백성들 사이로 퍼져갔고 발명가 아르키메데스가 미래 히에론 왕궁에 쓰일 거대한 대리석 조각들을 적은 힘으로 들어 올릴 수 있는 기계를 만들었다는 것이 알려졌어요.

건물은 빠르게 완공되었고 히에론 왕은 어찌나 행복했는지 아르키메데스에게 다음과 같이 말했어요.

"원하는 것을 말해 보거라. 내가 뭐든 다 들어 주겠노라."

전설에 따르면 아르키메데스는 히에론 왕의 제안에 다음과 같이 겸손하게 대답했답니다.

"전하, 제게 지렛대만 하나 주시면 지구도 들어 올려드리겠나이다."

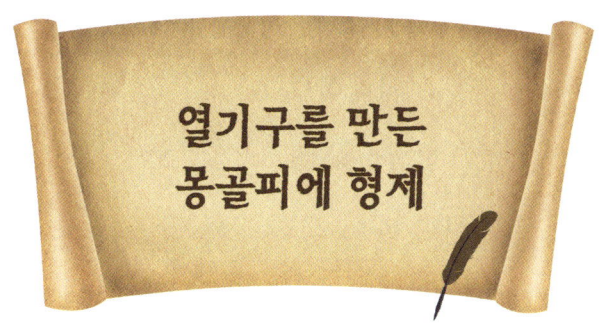

열기구를 만든 몽골피에 형제

18세기 중반, 프랑스 남부의 한 마을에 조제프 몽골피에(프랑스의 발명가. 동생 자크와 함께 열기구를 연구하여, 1783년 인류 최초로 기구를 띄우는 데 성공하였다.)라는 천재 발명가가 살았어요.

어느 날 저녁, 호기심이 많았던 조제프는 난로 앞에 앉아 어떤 한 문제에 관해 깊이 생각하고 있었어요. 그건 바로 결코 정복이 불가능해 보이는 요새와도 같은 지브롤터 해협(이베리아반도 남쪽 끝과 아프리카 대륙 서북쪽 끝과의 사이에 있는 해협.)에 관한 것이었어요.

"이 요새를 공격하는 것은 땅에서도 바다에서도 불가능해.

그런데 만약 하늘에서 접근할 수 있다면 어떨까? 하늘로 병사들을 들어 올려서 말이야!"

그는 혼잣말로 중얼거렸어요.

상상의 나래를 펴며 깊이 생각에 빠져 있던 조제프는 문득 말리기 위해 불 위에 널어놓은 빨랫감의 움직임에 시선을 빼앗겼어요.

"도대체 불의 연기 속에는 얼마나 신비롭고 강한 힘이 숨

어 있기에 저렇게 옷을 흔들거리며 춤추게 만드는 것일까?"
호기심에 가득 찬 그는 스스로에게 물었어요.

빨랫감의 움직임에 놀란 그는 자세히 관찰하기 위해 불 가까이로 다가갔어요. 그리고 위로 올라가는 불꽃의 열기를 느끼게 되었어요.

감동에 휩싸인 조제프는 이렇게 외쳤어요.

"만약 옷들이 반짝이는 불꽃의 신비로운 힘 덕분에 위를 향해 펄럭이는 것이라면, 하늘을 날 수 있는 물건도 만들 수 있겠군! 특별한 모양, 그러니까 아래쪽은 열어 두되 각 면이 단단한 작은 직사각형의 상자를 만드는 거야. 그런 다음 아래쪽에서 불을 때서 신비로운 열기가 올라가 부드럽지만 단단하게 닫힌 상자의 윗면을 높이 들리게 하는 거지."

조제프는 상자의 네 면을 만들기 위해 얇은 나무 종이와 윗면에 씌울 호박단 천을 구했어요. 그리고 나서 모든 부분이 튼튼하게 잘 붙고 꿰매어졌는지 확인했어요. 그런 뒤에 종이로 작은 모닥불을 피워 바로 위에, 말리려고 널어 두었던 옷과 불의 간격 정도로 상자를 놓았어요.

발명가가 불꽃을 피우자 믿기 힘든 일이 벌어졌어요. 상자

는 천장에 부딪쳐 속도를 잃을 때까지 위로 빠르게 들려 올라갔어요.

조제프는 천장을 바라보며 감탄에 젖은 목소리로 외쳤어요.
"저렇게 가로막는 장애물만 없었더라면 상자가 더 위로 올라갈 수 있었을 거야!"

몹시 흥분한 조제프는 날아오르는 이 기구에 관한 자신의 아이디어를 들려주기 위해 곧장 동생 자크에게 달려갔어요.

똑똑하고 창의적이지만 규칙과 일반적으로 쓰이는 개념들에 타고난 반항심이 있었던 조제프와 달리 동생 자크는 현실적이고 실용적인 것을 중요하게 여기는 사람이었어요. 하지만 이런 동생 자크의 성격에도 불구하고 조제프는 그를 설득해 실험에 나서게 했어요.

조제프는 동생에게 이렇게 말했어요.

"호박단 천과 끈을 충분히 구해 보자. 그리고 온 세상에 깜짝 놀랄 만한 이 발견을 보여주자고!"

아버지 피에르 몽골피에는 이 계획을 허락하긴 했지만 그들에게 엄한 어조로 다음과 같이 말했어요.

"분명히 해 두자. 날아다니는 기구는 얼마든지 만들어도 좋다. 하지만 너희 둘 중 누구도 절대로 타서는 안 된다!"

이렇게 하여 두 형제는 실험을 시작했고 최초의 열기구(기구 속의 공기를 버너로 가열하여 팽창시켜, 바깥 공기와의 비중의 차이로 떠오르게 만든 기구.)를 만들었어요.

1782년 12월 중순 경 이들이 만든 열기구는 최초의 비행에 올랐어요. 그러나 안타깝게도 위로 들어 올리는 힘이 어찌나 컸던지 자크와 조제프는 출발한 지 얼마 되지도 않아 기구를 통제할 수 없었어요. 하지만 몽골피에 형제는 포기하지 않고 동그란 풍선 모양의 기구를 다시 만들었어요.

그것을 만드는 데에는 직물, 얇은 종이, 낚시용 그물 등 서로 다른 성질의 재료들이 필요했어요. 그리고 이 모든 것들을 묶어 줄 천 팔백 개의 단추도 필요했죠. 게다가 이 모든 것은 어마어마하게 튼튼해야 했어요.

1783년 6월에 드디어 비행기구가 완성되었고, 유명인사들 앞에서 첫 비행을 하게 되었어요. 10분 동안 지속된 비행은 제법 높은 곳까지 올라갔어요. 실험은 성공적이었고 이 기쁜 소식은 왕궁이 있는 파리에까지 이르렀어요.

"루이 십육세 왕에게 알현(지체가 높고 귀한 사람을 찾아가 뵘.)을 요청할 거야. 세상이 우리의 발견을 알아야 해!"

동생 자크가 형에게 말했어요.

이렇게 해서 형 조제프가 고향에 남아 비행기구를 실험할 동안 동생 자크는 지원을 얻기 위해 파리에 가서 왕을 만나기로 결정했어요.

파리에 도착한 자크는 왕 앞에 이르자 이렇게 말했어요.

"왕이시여, 저희의 첫 번째 비행기구에 대한 소식을 들으셨는지요?"

"물론이다. 백성에 관한 모든 소식은 내 왕궁에 이르지. 자, 말해 보거라. 내게 무슨 부탁을 하러 왔느냐?"

왕이 물었어요.

"형과 저는 저희 비행기구를 가지고 실험을 계속하고 싶습니다."

자크는 계속 설명을 하려했어요. 하지만 그의 말이 채 끝나기도 전에 루이 십육세가 끼어들었어요.

"나는 너희의 왕으로서 인간이 타는 비행 실험을 허락할 수 없다. 하지만 굳이 실험을 계속하고 싶다면, 너희 발명품을 실험할 때 동물을 사용하도록 하여라."

왕이 명령을 내렸어요.

자크는 만족스러워하며 형에게 돌아와 그 소식을 전했어요.

"형, 동물들을 태우고 나는 실험을 할 수 있게 됐어."

이후 몇 달 동안 몽골피에 형제는 열정적으로 작업을 했고, 결국 최초의 진짜 열기구를 만들게 되었어요. 새로 만든 이 열기구의 첫 비행은 매우 큰 행사가 되었어요. 베르사유 궁전에서 열린 이 행사에는 왕 루이 십육세와 마리 앙투아네트 왕비를 포함하여 수많은 사람들이 몰려들었어요. 모두가 살아 있

는 최초의 비행사들을 보려고 모여든 것이었죠. 그 비행사들은 다름 아닌 양과 거위 그리고 닭이었어요.

이 동물들은 풍선 밧줄에 매달린 바구니에 들어 있었어요. 모든 준비가 끝나자 양과 거위 그리고 닭을 태운 열기구는 몇 분 동안 하늘을 날았고 짧은 거리를 비행한 후에 땅으로 내려왔어요. 열기구가 비행을 시작한 지 얼마 안 가 한쪽으로 기울어졌기 때문이었어요.

"열기구의 입구에서 뜨거운 공기가 너무 많이 나와서 비행이 더 오래 지속되지 못했습니다."

조제프가 말했어요.

그러자 왕이 다음과 같이 말했어요.

"하지만 동물들이 살아서 안전하게 땅에 도착했어! 내 두 눈으로 너희의 열기구가 베르사유 궁 위를 비행하는 것을 보았으니 이제는 사람을 태우고 비행 실험하는 것을 허락하겠노라!"

이 말에 조제프와 자크 형제는 무척 기뻐하며 몇 달 동안이나 쉬지 않고 사람을 운반할 수 있는 열기구를 만드는 데 열중했어요. 그리고 1783년 11월 역사상 최초로 두 남자가 파리의 하늘을 날게 되었답니다.

그 비행은 프랑스 사람들을 흥분시키는 특별한 행사가 되었어요. 그때부터 몽골피에 형제가 발명한 열기구 그림은 회중시계, 그릇 등 어디에든지 등장하게 되었어요.

그리고 발명가 형제를 기리기 위하여 이탈리아에서는 하늘을 나는 이 열기구를 '몽골피에라'라는 이름을 붙여 부르기 시작했답니다.

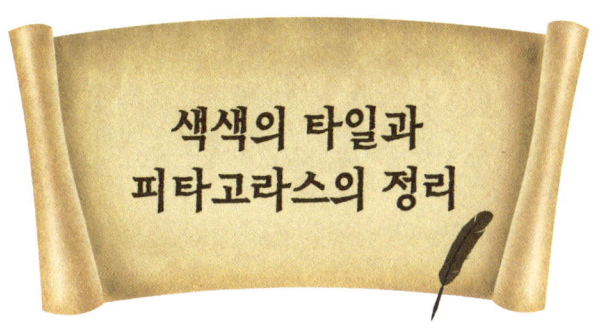

색색의 타일과 피타고라스의 정리

기원전 6세기에 크로토네라는 작은 도시에 당시 가장 유명했던 수학자인 피타고라스가 살고 있었어요.

어느 날 피타고라스는 크로토네의 가장 뛰어난 건축가를 불러 이렇게 말했어요.

"내가 살 작은 집을 만들고 싶다네."

"선생님, 혹시 방이 몇 개나 있었으면 좋겠는지 생각해 보셨나요?"

건축가는 물었어요.

"내 집은 약간 이상한 모양을 가질 걸세. 그리고 총 네 개의 방을 만들 거라네. 자, 이게 내가 살고 싶은 집의 그림일세."
건축가는 수학자의 그림을 받아서 자세히 들여다보았어요.
"선생님, 진짜 이렇게 만들어 드리길 원하시는 겁니까?"
"물론이네. 자네는 내가 알고 있는 가장 훌륭한 건축가이니 할 수 있을 걸세. 작업에 빨리 착수해 주게. 내 보상은 충분히 하겠네."

피타고라스가 대답했어요.

곧 작업이 시작되었어요. 가장 먼저 중앙 거실이 만들어졌어요. 건축가는 그 공간에 '각진 방'이란 별명을 붙였어요. 왜냐하면 그 방에는 벽이 세 개 있었는데 각 벽의 길이가 다 달랐기 때문이죠. 심지어 한쪽 벽은 사선에다 매우 길었어요.

'다행히도 방의 나머지 벽 두 개는 보통의 집처럼 직각으로 만나는군!'

건축가는 생각했어요.

이후 며칠 동안 건축가는 정사각형 방 두 개를 만들었어요. 이 두 개의 방은 중앙 거실의 짧은 쪽 벽면들을 한쪽 벽으로 사용하여 만들어졌어요.

그리고 마지막으로 커다란 부엌이 만들어졌어요. 이 공간도 다른 방들처럼 정사각형이었고 벽의 길이는 중앙 거실의 가장 긴 벽면만큼 길었어요.

피타고라스는 작업 시작 전에 건축가에게 이렇게 부탁했어요.

"두 개의 방과 부엌의 한쪽 벽은 반드시 거실 한쪽 벽을 사용해야 하며 세 방은 모두 거실에서 바로 출입할 수 있도록

만들어야 한다는 걸 꼭 명심하게."

건축가는 피타고라스가 부탁한 대로 거실에서 세 개의 방에 각각 출입할 수 있도록 만들었어요.

피타고라스의 집이 완성되자 위대한 수학자는 몹시 흡족해하며 말했어요.

"작업이 모두 끝이 났군! 게다가 나의 모든 요구사항을 다 만족시켰구려."

하지만 공사가 아직 완벽히 끝난 것은 아니었어요. 모든 방의 바닥에 타일(점토를 구워서 만든, 겉이 반들반들한 얇고 작은 도자기 판. 벽, 바닥 등에 붙여 장식하는 데 쓴다.)을 깔아야 했으니까요.

그리하여 피타고라스는 크로토네에서 가장 훌륭한 타일 만드는 장인을 불렀어요. 그는 색색깔의 훌륭한 타일을 구워 내곤 했죠. 피타고라스는 그에게 말했어요.

"내 집 방들을 모두 자네가 만든 타일들로 덮었으면 하네. 그런데 각 방의 타일이 서로 다른 색이었으면 좋겠네."

"선생님께서 원하시는 대로 하지요. 각 방에 어떤 색깔을 입히길 원하시나요?"

타일 장인이 물었어요.

피타고라스는 잠시 생각하더니 이렇게 대답했어요.

"자네가 가장 적당하다고 생각하는 색깔을 선택해 주게. 그보다 나는 비용에 대해 얘기하고 싶네. 타일의 총 비용을 계산해야 할 텐데, 타일이 몇 개나 필요할 것 같은가?"

"제 생각에는 부엌 전체의 바닥을 덮는 데 필요한 타일 개수는 방 두 개의 바닥에 필요한 타일 개수와 같을 겁니다."

타일 장인이 대답하자 피타고라스가 말했어요.

"두 방과 부엌이 같은 타일 개수를 사용한다는 것은 의심스럽군! 방들은 부엌에 비하면 아주 작다네. 내가 보기엔 방 두 개 바닥의 총 넓이는 부엌 하나의 바닥 넓이와 같지 않

을 것 같네."

"선생님, 제가 보기에는 두 개의 방바닥 넓이가 부엌만 합니다. 어쨌든 저는 작업실에 틀이 한 종류밖에 없기 때문에 크기가 완벽하게 똑같은 타일을 사용할 겁니다. 그러니 작업을 하면서 각 방마다 타일이 얼마나 필요한지 그 수를 기록해 알려드리겠습니다."

타일 장인이 공손하게 설명했어요.

"그러면 그렇게 하지."

피타고라스는 만족해하며 말을 맺었어요.

이튿날부터 타일 장인은 방 두 개에 타일을 깔았어요. 타일 장인은 작은 방 용으로 분홍색의 타일을 선택한 반면 큰 방용으로는 빛나는 파란색을 준비했어요.

며칠 뒤 피타고라스는 타일 장인을 찾아가 물었어요.

"두 개 방에 총 몇 개의 타일을 사용했는가?"

"작은 방에 분홍색 타일 9백 개, 큰 방에 파란색 타일 1천 6백 개를 깔아 총 2천 5백 개의 타일을 사용했습니다."

타일 장인이 대답했어요.

"좋군! 부엌 작업까지 끝나면 다시 오겠네."

피타고라스는 방금 들은 숫자를 기록하면서 말했어요.

부엌을 위해 타일 장인은 거의 귤색에 가까운 예쁜 주황색 타일을 골랐어요.

며칠이 지나자 타일 장인은 피타고라스를 불렀어요.

"선생님, 부엌에 타일 까는 일을 마쳤습니다. 주황색 타일은 2천 5백 개를 사용했습니다!"

"자네가 예상한 그대로군! 과연 부엌 하나와 방 두 개에 같은 양의 타일을 사용했어! 이제 작업을 마무리 짓게나. 보상은 충분히 하겠네."

수학자는 깜짝 놀라며 말했어요.

이윽고 타일 장인은 거실에 타일을 모두 깔았어요. 이번에는 달 색깔의 타일을 사용했어요. 그런데 방 모양이 일반적이지 않았기 때문에 타일로 덮기가 어려워 이 작업에는 많은 인내심과 시간이 필요했어요.

그동안 피타고라스는 가만히 있지 못했어요. 그는 두 방과 부엌에 사용한 타일 개수가 왜 같은지 생각하고 또 생각했어요. 두 개의 방과 부엌 크기를 재고 또 쟀죠. 계산한 숫자를 적고 비교해 보면서 며칠 동안 잠도 설쳤어요. 그리고 마침내 집에 타일이 전부 깔리자 타일 장인은 수학자를 불렀어요.

"작업을 모두 끝냈습니다, 선생님!"

타일 장인이 만족스럽게 말했어요.

"나도 끝났네! 자네가 타일 개수에 대해 말한 것이 왜 진실인지 밝혀냈어. 이제 내가 설명해 주겠네. 편히 앉게나."

피타고라스는 자신이 발견한 이론을 장인에게 처음으로 설명해 주었답니다.

얼마 뒤 피타고라스는 자신이 발견한 〈피타고라스의 정리(직각삼각형의 빗변을 한 변으로 하는 정사각형의 넓이는 나머지 두 변을 각각 한 변으로 하는 정사각형 두 개의 넓이의 합과 같다는 정리.)〉를 모든 사람들이 알 수 있도록 세상에 발표했답니다.

밀랍 판에 적힌 비밀 메시지

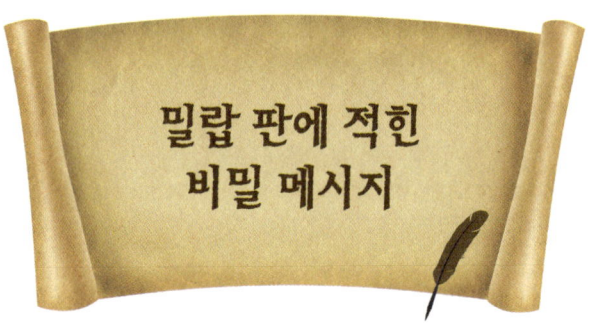

자신의 말을 다른 사람에게 전달하기 위해 메시지를 적고 그것을 불필요한 사람들의 눈에서 숨기기 위한 **암호**(비밀을 유지하기 위하여 당사자끼리만 알 수 있도록 꾸민 약속 기호.)는 현대 과학에서뿐만 아니라 고대인들도 필요로 했던 기술이에요. 기원전 5세기에 살았던 **헤로도토스**(고대 그리스의 역사가. 페르시아 전쟁을 중심으로 동방 여러 나라의 역사와 전설 및 그리스 여러 도시의 역사를 서술한 저서 《역사》로 알려졌으며, '역

사의 아버지'로 불린다.)는 그리스의 역사가이자 작가였어요. 그는 자신의 책에서 페르시아 왕들이 그리스를 정복하기 위해 치렀던 전쟁들에 관한 이야기를 썼는데, 그중 첫 암호문이 탄생하게 된 이야기도 적었어요.

아버지 다리우스의 뒤를 이어 페르시아(이란 고지대를 중심으로 서아시아, 중앙아시아, 코카서스 지역을 통치하던 고대 제국.) 왕이 된 크세르크세스는 이집트에서의 반란을 진압한 후 어떻게 해서든 그리스의 두 도시 국가 스파르타와 아테네를 모두 정복하고 싶어했어요. 하지만 그는 공식적으로 그리스에 전쟁을 선포하기 전에 아리스토네의 아들 데마라투스를 불러들였어요.

그는 스파르타에서 추방된 사람으로 크세르크세스가 그의 망명을 받아들여 그리스에 관한 정보가 필요할 때마다 부름을 받곤 했어요.

이번에도 크세르크세스 왕이 스파르타와 아테네를 공격하기로 결정했을 때 데마라투스는 다시 한 번 왕궁으로 불려갔어요.

"데마라투스, 내가 그리스 사람들을 공격한다면 그들이 무장을 하고 내게 맞서 싸울 것이라 생각하는가? 나는 그리스 사람들이 서쪽 지역의 나라들과 연합한다면 나의 공격에 맞서 싸울 수 있음을 알고 있네. 하지만 그것이 무엇이든 간에 자네의 의견을 듣고 싶네."
왕이 말했어요.
데마라투스는 바로 대답하는 대신 다음과 같이 지혜롭게 물었어요.

"제가 왕께 사실을 말씀드려야 할까요, 아니면 왕이 좋아하실 만한 대답을 해야 할까요?"

크세르크세스 왕은 당연히 사실을 말할 것을 명령하며 그의 충성을 잊지 않겠다고 안심시켰어요. 그러자 데마라투스는 다음과 같이 말했어요.

"왕이시여, 사실은 이렇습니다. 그리스 사람들은 늘 가난했지만 그들은 용맹하고, 정치 제도도 잘 갖추고 있지요. 또한 다른 누구보다 스파르타 남자들의 기질이 가장 강하다는 것을 잊지 마십시오. 스파르타인들은 전하의 제안을 결코 받아들이지 않을 것입니다."

데마라투스는 잠시 숨을 고르고 말을 이었어요.

"그리고 다른 모든 그리스 사람들이 왕의 편에 선다 할지라도 스파르타인들은 맞서 싸울 것입니다. 스파르타인 천 명 혹은 그보다 적은 사람이 남아 왕께 대항한다고 하더라도 그들은 '자유'라는 결코 포기할 수 없는 권리를 위하여 마지막까지 싸울 것입니다."

크세르크세스 왕은 데마라투스의 말을 주의 깊게 들었어요. 하지만 전쟁 준비는 이미 시작되었고 아무도 그를 멈출 수 없었어요.

왕은 자신의 막대한 지상군과 함대로 뒤덮인 바다를 바라보았어요. 어찌나 위풍당당하고 거대한 규모였는지 제 아무리 용맹함으로 무장한 스파르타인 천 명 아니 만 명이라도 절대로 저항할 수 없어 보였어요. 그 누구도 자신을 이길 수 없다고 믿었던 크세르크세스 왕은 그리스를 공격하기로 마음먹었어요. 그는 앞으로 맞게 될 전쟁이 어떤 것인지 상상하지 못했지요.

그 무렵 그리스 지역의 분위기는 어수선했어요. 페르시아의 막강한 군대와 싸워 이기는 것은 불가능해 보였지요. 게다가 **델포이**(신탁으로 유명한 아폴론의 신전이 있던 고대 도시.)의 **신탁**(신이 사람을 매개자로 하여 그의 뜻을 나타내거나 인간의 물음에 대답하는 일.)마저도 피할 수 없는 운명을 예견했어요.

"불길한 사건, 아마도 어떤 전쟁이 코앞에 다다랐다. 페르시아의 왕이 자신이 세상의 왕이라는 것을 알리기 위해 여기까지 올 것이다. 맞서 싸울 준비를 해라!"

한편 페르시아에서는 데마라투스가 자신이 태어난 나라 그리스의 백성들을 위해 크세르크세스 왕의 전쟁 계획을 알리기로 결정했어요. 그는 얼마 안 남은 공격에 대비하라는 편지를 보낼 참이었죠. 하지만 그것을 전령을 통해서 보낼 수는 없었어요. 발각이 되기라도 하는 순간 죽임을 당할 게 분명했기 때문이죠. 그래서 그는 가능한 모든 방법을 생각한 끝에 이렇게 결론 내렸어요.

"비밀 메시지가 담긴 암호문을 보내야겠어."

데마라투스는 혼잣말로 중얼거렸어요.

"글을 쓸 때 사용하는 이중 밀랍(벌집을 만들기 위하여 꿀벌이 분비하는 물질.) 판을 준비할 거야. 먼저 밀랍을 긁어낸 나무 판에 크

세르크세스 왕의 전쟁 계획을 쓸 거야. 그런 다음 녹인 밀랍을 그 위에 덮어 메시지가 눈에 보이지 않게 만드는 거지."

그렇게 데마라투스는 여러 개의 밀랍 판을 구한 후 그중 몇 개를 골라 밀랍을 제거하고 스파르타인들을 위한 메시지를 적었어요. 그리고 녹인 밀랍을 그 위에 부으니 판이 새것처럼 보였어요. 그것들을 다른 판들과 같이 섞어 놓은 후 가장 믿음직한 종을 불러 이렇게 말했어요.

"이 밀랍 판을 가져가서 스파르타의 장관들에게 전달해 주게. 그들은 이것을 본 뒤 어떻게 행동해야 할지 알 걸세. 이 판들을 자네 목숨을 걸고 지켜줘야 하네. 여기에는 내 조국

에게 매우 중요한 메시지가 들어 있네!"

종은 당장 출발했고 국경에 이르자마자 짐 검사를 위해 멈춰야 했어요. 경비대가 짐 속에서 판들을 발견했지만 눈으로 보기에는 아무런 메시지가 없었기 때문에 의심하지 않았어요. 그래서 그가 길을 계속 가도록 허락해 주었어요.

가는 길 내내 종은 여러 차례 수색을 당했어요. 하지만 매번 무사히 통과했고 어느덧 스파르타에 도착했어요.

한편 스파르타에서는 환시(실제로 존재하지 아니한 것을 마치 보이는 것처럼 느끼는 환각 현상.)를 보는 한 여인이 다음과 같은 예언을 했어요.

"인간의 눈을 피해 끔찍한 소식이 담긴 메시지가 이를 것이다. 그것을 찾아내라. 그렇지 않으면 우리 모두가 죽게 될 것이다!"

이런 소문이 퍼지던 때에 데마라투스가 보낸 나무 판이 도착했어요. 스파르타의 장관들은 나무 판을 살피며 이렇게 말했어요.

"겉으로 보기에 글도 없고 새것 같아 보이지만, 어쩌면 이 판들에 우리가 그토록 기다리는 비밀 메시지가 들어 있을지 모르오."

하지만 스파르타인들은 그것을 어떻게 읽을지 알지 못했어요. 레오니다스 왕의 왕비가 어떤 생각을 떠올리기 전까지는 말이죠.

"만약 데마라투스가 우리에게 메시지를 보낸 것이라면, 분명히 그것을 눈에 띄지 않게 숨겼을 것입니다. 그가 보낸 모든 판을 덮고 있는 밀랍을 깎아 내시오!"

왕비가 말했어요.

스파르타의 장관들은 왕비의 조언을 받아들여 데마라투스가 보낸 판에서 밀랍을 제거했고 마침내 메시지를 발견했어요. 그 안에는 페르시아인들의 전쟁 계획이 아주 자세하게 쓰여 있었지요.

그 소식은 번개처럼 그리스의 모든 지역으로 퍼져 나갔고, 고대 역사의 기록에 남을 만한 전쟁 중 하나의 운명을 뒤집어 놓았답니다.

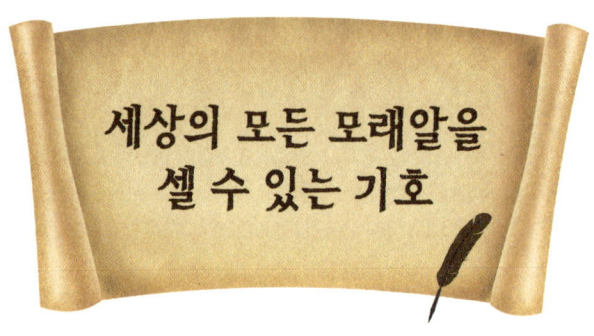

세상의 모든 모래알을 셀 수 있는 기호

　어느 날 발명가 아르키메데스는 아주 오래전부터 매우 풀기 어려운 한 문제가 고대 수학자들과 연구자들을 괴롭혀 왔음을 발견했어요. 그건 바로 모래알을 계산하는 일이었는데, 하나의 해변뿐만 아니라 세상의 모든 모래알을 계산하는 것이었죠.

　아르키메데스는 곧바로 이 문제에 열중하기 시작했어요. 그는 이 문제를 연구하고 핵심(사물의 가장 중심이 되는 부분.)을 파악하는 데 몇 날 며칠을 보냈어요. 그리고 마침내 아르키메데스는 그의 천재성과 상상력 덕분에 왜 수학자들이 그동안 이 문제

를 풀지 못했는지 알아챘어요. 로마인들과 그리스인들이 수를 세는 방법으로는 아주 큰 수를 나타낼 수가 없었기 때문이에요. 그러니 어떻게 세상의 모든 모래알을 세고 계산할 수 있었겠어요?

"이 문제를 해결할 방법을 찾아야겠어!"

아르키메데스는 혼자 중얼거렸어요.

아르키메데스는 그때부터 자료를 모으고 그리스 수학자들이 남긴 책들을 읽기 시작했어요. 그리고 연구하면서 얻은 모든 아이디어와 기록들을 짤막한 과학책으로 엮었어요. 그리고 그 작업을 끝내자마자 히에론 왕의 아들에게 이것을 바치기로 결심하고는 궁으로 향했어요.

하지만 아르키메데스의 이름이 엄숙히 불리자 왕이 외쳤어요.

"아르키메데스, 나는 너를 부르지 않았다! 왜 나를 찾아왔느냐?"

아르키메데스는 화를 잘 내는 왕의 버릇을 잘 알고 있었어요. 초대를 받지 않고 왕 앞에 나타난다는 것, 더군다나 과학 연구나 발견에 대한 이야기를 하려고 왕의 소중한 시간을 뺏는 것은 그의 인내심을 넘어서는 일이었어요! 하지만 이와 동시에 아르키메데스는 왕의 허영심과 호기심도 알고 있었기에 자신이 방문한 이유를 이렇게 설명했어요.

"전하, 제가 여기까지 온 것은 제가 만든 과학책에 대해 말씀드리기 위함입니다. 이 책에 저는 고대부터 많은 학자들을 괴롭혀왔던 매우 풀기 어려운 문제에 관한 이야기를 적었습니다. 그뿐만이 아닙니다! 저는 이 책에 그 문제에 대한 해답을 찾기 위해 제가 연구한 것들을 기록했습니다."

"그러니까 과학책을 쓰느라 네가 해야 할 연구를 소홀히 했단 말이냐?"

깜짝 놀란 히에론 왕이 물었어요.

"그것이 얼마인지에 따라 다릅니다. 왕께서는 '나는 어마어마한 양의 부를 소유하고 있다.'라고 확실하게 주장하실 수 있습니다. 그러나 그것이 정확히 얼마큼인지를 표현하고 싶으시다면 우리가 지금 알고 있는 숫자로는 충분하지 않습니다."

아르키메데스는 분명하게 대답습니다.

그 말에 히에론 왕은 이렇게 말하려 했어요.

'오, 아르키메데스! 무슨 말도 안 되는 얘기를 하는 건가?'

하지만 그는 이내 다시 생각했어요.

'그래, 아르키메데스는 항상 충성스럽고 순종적이었으니 이번에는 이상하더라도 내가 인내심을 갖고 그의 설명을 좀 더 들어 보자.'

그렇게 해서 히에론 왕은 발명가를 가까이 불러 최근 그가 진행한 연구들이 이 문제를 어떻게 해결했는지 물었어요.

"보십시오, 전하. 각 숫자를 적을 때 우리는 알파벳 문자도 사용하고, 기호도 쓰고, 그 문자와 기호의 조합도 사용합니다. 이런 방식으로 9백 9십 9까지 어떤 숫자도 쓸 수 있습니다. 그 다음 숫자인 1천을 쓰기 위해서는 M이라는 특별한 기호를 사용하며, 우리는 그것을 '천'이라고 부릅니다. 이 '천' 단위는 다른 여느 숫자들처럼 늘어놓을 수 있고 셀 수도 있습니다. 1천, 2천, 3천, 이렇게 해서 1천의 1천 즉 백만에 이르기까지 셀 수 있고 다음과 같이 각각의 기호로 나타낼 수 있습니다. 1M, 2M, 3M, M의 M까지 말입니다. 하지만 이보다 더 큰 숫자를 표현하고 싶다면, 우리는 새로운 기호들을 만들어 내야 합니다."

아르키메데스는 설명했어요.

히에론 왕은 아르키메데스가 바친 과학책을 한 장 한 장 넘기며 발명가의 말 한 마디 한 마디를 귀기울여 들었어요. 그리고 첫 번째 장에서 자신의 아들인 겔로 이세를 위해 아르키메데스가 바치는 글을 읽었는데 아주 짤막한 문장이었지만, 그의 진심이 담겨 있음을 느낄 수 있었어요. 그런데 왕은 문장 사이에서 이상한 기호를 발견했어요. 그래서 호기심에 다음과 같이 물었어요.

"그래서 네가 엄청 큰 숫자를 나타낼 수 있는 새로운 방법을 발명했단 말이지?"

"제가 말씀드린 바와 같이 우리는 '천'을 세고 반복함으로서 '천'보다 큰 숫자를 표현할 수 있습니다 '천의 천의 천…….' 이렇게 수천 번을 반복하면서요. 하지만 너무 복잡하죠! 그래서 천의 곱셈표를 만들어 엄청 큰 숫자에 이르기까지 세어 보았습니다. 하지만 그 숫자가 너무나 크기 때문에 결국 '∏(파이라고 읽으며, 그리스 문자의 열여섯째 자모.)'라는 새로운 기호로 표현하기로 한 것입니다."

"그러니까 만약 내가……. 음, 아니 네가 엄청 큰 숫자를 표현하고 싶다면 이제 '∏'라고 쓰겠다는 것이냐?"

히에론 왕이 자신의 끝없는 부를 떠올리며 물었어요.

"물론입니다, 전하! 그리고 생각해 보십시오! 새로운 기호 덕분에 저는 심지어 세상의 모든 모래알 수도 계산할 수 있었습니다. 비록 조금 복잡한 작업이긴 했지만요."

아르키메데스가 자신있게 외쳤어요.

"아르키메데스, 자네에게 내가 감사 인사를 해야겠네. 이제는 내가 얼마나 부자인지 그 크기를 계산해서 온 세상에 나타낼 수 있게 되었어. 그런데 자네가 마침 왕궁에 왔으니 며칠 전부터 나를 괴롭히는 문제를 하나 또 얘기해도 되겠나?"

히에론 왕이 무척 흡족해하며 말했어요.

이렇게 해서 모든 수학자를 괴롭힌 문제를 해결했다는 황홀함에 취해 있던 아르키메데스는 다시 평상시의 발명가로 돌아갔답니다.

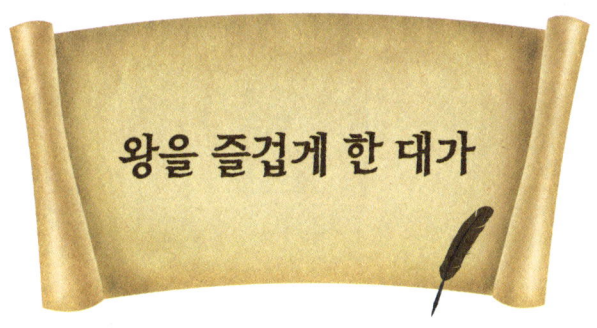

왕을 즐겁게 한 대가

7세기경 페르시아에는 매우 부유하고 강하나 행복하지 않은 왕이 살고 있었어요.

매일매일 궁전의 신하들은 왕을 즐겁게 하기 위해 여러가지 놀이를 제안했어요. 하지만 그들의 노력에도 불구하고 왕은 싫증을 냈어요.

"그대들의 놀이는 하찮네. 그대들은 나에게 이것저것 놀이를 제안하거나 사냥과 산책을 하자고 초대하지. 하지만 나는 별로 힘들이지 않고 할 수 있는 즐거운 심심풀이를 원하네!"

왕이 하루는 신하들을 돌아보면서 이렇게 말했어요.
"전하, 저희는 더 이상 새로운 놀이를 생각하기 어렵습니다. 어떻게 해야 전하를 기쁘게 해드릴지 전혀 모르겠습니다!"
대신 한 명이 절망스럽게 대답했어요.
"듣기 싫다! 뭐라도 만들어 내라!"
왕은 소리쳤어요.
그리하여 대신들은 왕이 좋아할 만한 놀이를 계속해서 연구했어요. 희망을 점점 잃어가면서 말이죠. 그러던 어느 날 뜻밖의 사건이 일어났어요.

세타라는 한 지혜로운 사람이 왕께 알현을 청했어요.

"전하, 제가 직접 발명한 놀이를 보여드리고자 궁전까지 찾아왔습니다."

그 남자가 말했어요.

"그렇다면 앉게나. 내가 얼마나 지루한지 자네의 놀이가 어렵지 않다면 오늘 나의 관심을 다 차지할 수 있을 거네!"

왕은 의심스러워하며 대답했어요.

"걱정하지 마십시오, 전하. 이 놀이의 훌륭한 점은 몸이 아닌 머리를 사용하는 데 있습니다!"

세타는 공손하게 대답했어요.

그 말에 왕은 얼른 세타에게 놀이 방법을 설명해 보라고 했어요. 그러자 세타는 자신의 주머니에서 사각형의 융단을 꺼냈어요.

융단에는 64개의 정사각형이 그려져 있었는데, 이 사각형들은 8행과 8열로 그물망처럼 배열(일정한 차례나 간격에 따라 벌여 놓음.)

되어 있었어요. 융단을 본 왕은 조금 황당했지만 세타가 계속 얘기하도록 조용히 기다렸어요.

세타는 주머니에서 작은 조각상들을 꺼내서 정사각형의 십자 무늬 위에 하나씩 올려 두었어요. 어떤 것들은 병사 같았고 또 어떤 것들은 기사 같아 보였죠.

"말해 보거라. 너의 놀이가 전투에 관한 것이냐?"

왕이 물었어요.

"이 조각들은 서로 싸우는 두 개의 군대를 나타냅니다. 일반 병사들이 있고, 기마 군인과 코끼리를 탄 군인도 있습니다. 뿐만 아니라 장군과 왕도 있지요."

세타가 친절하게 대답했어요.

"그렇구나! 두 개의 완전한 군대를 만들었군."

왕은 흥미로워하며 말했어요.

"물론입니다. 이 놀이에서는 십자 무늬 양쪽 끝에 제가 보여드린 모든 조각상들을 늘어놓아 두 개의 군대를 배치해야 합니다. 그런 후에 제가 설명해 드릴 규칙에 따라 적에게 전쟁을 선포하고 놀이를 시작할 수 있습니다!"

세타가 설명했어요.

호기심이 발동한 왕은 기다리지 못하고 다음과 같이 명령했어요.

"그렇다면 그 조각들을 어떻게 움직이는지 설명해 다오. 전투를 시작할 수 있게!"

카펫 위에 모든 조각상들이 배치되자 세타는 이들을 움직이는데 필요한 규칙을 왕에게 자세히 설명했어요. 그리하여 왕궁에서 처음으로 작은 조각상들로 구성된 두 군대가 64개의 칸 위에서 움직이면서 서로 겨루는 놀이가 시작됐어요. 오늘날 우리가 즐겨하는 체스 게임이 탄생한 거예요.

왕은 이 새 놀이에 푹 빠져들었어요. 세타가 왕의 지루함을 해결할 수 있는 해결책을 찾은 덕에 모든 왕궁 사람들은 행복해졌어요. 감사 인사를 해야겠다는 생각이 든 왕은 세타에게 그가 한 일에 대하여 어떤 보상을 원하는지 물었어요.

"나의 왕이시여, 당신은 참으로 너그러우십니다. 제가 바라는 것은 곡식입니다."

세타가 공손하게 대답했어요.

"너에게 곡식을 주겠다! 얼마나 필요한지 말해 보거라."

왕이 말했어요.

"제가 만든 놀이 판의 칸을 다 채울 만큼의 낟알을 원합니다. 하지만 이렇게 세어 주십시오. 첫 번째 칸을 위해 한 알, 두 번째 칸을 위해 두 알, 세 번째 칸을 위해 네 알, 네 번째 칸을 위해서는 여덟 알……. 그렇게 계속해서 예순네 번째 칸에 이르기까지 갑절로 늘이면서 말입니다!"

세타가 대답했어요.

왕은 욕심이 없어 보이는 그의 대답에 흡족해하며 세타가 요구한 대로 곡식을 줄 것을 명령했어요. 그러나 며칠이 지난 후 왕은 대신을 통해 세타에게 보상이 아직 이루어지지 않았음을 알게 되었어요.

"대신은 세타가 왜 아직까지 자기 곡식을 받지 못했는지 설명해 보시오."

"안타깝게도, 전하. 수를 세는 사람들이 아직 계산을 못 끝냈습니다."

대신은 난처해하며 대답했어요.

"그렇게 간단한 문제를 해결하는 데 왜 그렇게 오랜 시간이 걸린단 말인가? 곡식알을 세어서 주면 되지 않는가! 셈을 얼른 끝내고 불쌍한 세타가 받아야 할 곡식을 빨리 넘겨주도록 하게."

왕이 답답해하며 명령했어요.

며칠 뒤 계산된 숫자가 적힌 종이를 받은 대신은 자신의 눈을 의심했어요. 믿을 수 없는 숫자가 적혀 있었기 때문이지요. 하지만 대신은 왕에게 알릴 수밖에 없었어요.

"전하께서는 세타에게 약속하신 곡식을 주실 수 없습니다!"

"내가 줄 수 없다는 게 무슨 말이냐! 나는 세상에서 가장 강하고 부유한 왕이란 말이다!"

어안이 벙벙해진 왕이 말했어요.

"전하께서 가지고 계신 모든 곳간의 곡식을 다 비운다고 하더라도 계산한 곡식의 양을 얻을 수 없을 것입니다! 전하께서 직접 이 숫자를 읽어 보십시오. 저는 이것을 어떻게 말씀드려야 할지 모르겠습니다."

이렇게 말하며 대신은 왕에게 다음과 같은 어마어마한 숫자

가 적힌 종이를 내밀었어요.

18,446,744,073,709,551,615.

그토록 많은 숫자 앞에 깜짝 놀란 왕은 미소 지으며 생각했어요.

'과연 세타는 지혜롭구나! 겉으로는 매우 가치가 적은 보상처럼 보이지만 세상에서 가장 부유한 나 같은 왕도 갖고 있지 않은 양의 곡식을 요구하다니!'

신비로운 기호 'O'

13세기 초 유럽에서는 은행과 음식점, 시장과 무역 거래에서 로마 숫자와 주판(셈을 할 때 쓰는 계산 기구. 인류가 가장 먼저 개발한 계산 도구로 고대 중국에서 시작되었다.)이 주로 사용되었어요. 당시에 주판은 계산을 하는 데 없어서는 안 될 필수 도구였죠. 그러던 어느 날 먼 이국땅(인정, 풍속 따위가 전혀 다른 남의 나라 땅.)에서 불어온 바람이 주판의 운명뿐만 아니라 숫자를 쓰는 방법까지 바꾸며 수학의 세

계를 뒤집어 놓았어요.

바로 1202년, 많은 사람들에게 피보나치(이탈리아의 수학자. 아라비아에서 발달한 수학을 받아들여 이를 정리·소개함으로써, 그리스도교 여러 나라의 수학을 부흥시킨 최초의 인물이 되었다.)로 알려진 레오나르도 피사노가 《주판서》라는 제목의 엄청난 작품을 발표했어요. 이 두꺼운 책에서 그는 피사(이탈리아 토스카나 주에 있는 도시. 기원전 2세기부터 발달한 항구 도시로 사탑, 성당이 유명하다.) 사람들과 토스카나 지방 사람들, 그리고 후에는 이탈리아와 전 유럽 사람들에게 그때까지 서양에 알려지지 않았던 머나먼 인도와 아랍(아라비아. 아시아 서남부 페르시아 만, 인도양, 아덴 만, 홍해에 둘러싸여 있는 지역을 이른다.) 대륙에서 온 새로운 숫자를 소개했어요.

레오나르도는 상인이었던 아버지와 외국을 자주 그리고 오랫동안 여행하면서 잘 알려지지 않은 아랍 세계의 수학을 배울 수 있었어요. 그는 이 학문이 너무나 놀랍고 신기해서 토스카나에 돌아오자 자신의 고향 사람들에게도 알려 주고 싶은 마음이 불타올랐지요.

《주판서》에 레오나르도는 이런 말을 기록했어요.

"내가 먼 바다와 땅을 여행하면서 공부한 인도 기호 아홉 개가 있다. 9 8 7 6 5 4 3 2 1 이렇게 쓰는 아홉 개의 기호와 '영'이라고 불리며 신비로운 이야기를 갖고 있는 열 번째 기호를 같이 쓰면 우리가 생각할 수 있는 모든 숫자를 적을 수 있다."

당시 학자들은 피보나치의 책에 나오는 단어 하나하나를 깊이 연구하고 평가했어요. 그 결과 그들은 당시까지 알려졌던 수학에 그 새로운 수 체계가 어떤 영향을 끼칠지 곧바로 알아

챌 수 있었어요.

"이 신비로운 기호를 사용하면 모든 게 완전히 달라질 겁니다. 하지만 숫자를 생각하고 계산하는 이 새로운 방법이 이전 방법보다 더 복잡한지 또는 간단한지를 지금 판단하기 매우 어렵군요!"

학자들은 말했어요.

학자들은 어떻게 해야 할지 서로 의논한 후에 이 까다로운 문제를 일상적으로 수학을 사용하는 모든 이들에게 넘긴 뒤 판단하기로 결정했어요. 매일매일 새로운 숫자를 쓰며 실험하다 보면 이 숫자가 로마 숫자보다 '더 효율적인지 아닌지' 판단할 수 있을 거라 생각한 것이죠.

그렇게 해서 피보나치가 소개한 기호들은 비밀로 남아 있지 않고 사람들에게 공개되었어요. 곧 이를 사용하는 사람과 반대하는 사람들 사이에 논쟁이 붙었어요.

"새로운 숫자를 사용하면 계산이 빠르고 즉시 답을 얻을 수 있어요. 그리고 심지어 암산도 가능하죠!"

상인들은 주장했어요.

반면 반대파 사람들은 주로 지금까지 사용하던 주판을 버리

기 싫어하는 사람들이었지요.

"주판만이 우리가 계산할 수 있도록 해 주는 유일한 도구란 말일세!"

논쟁은 거리와 시장, 음식점과 은행까지 퍼져 나가며 어디서든 피보나치의 새로운 숫자에 대해 말하는 것을 들을 수 있었어요. 하지만 레오나르도는 한 번도 논쟁에 가담하지 않았어요.

그는 총명한 청년이어서 인도-아라비아 숫자의 중요성과

장점을 처음부터 이해하고 있었어요. 그는 아버지와 장사를 하면서 그 숫자들을 사용하는 법을 배웠는데, 너무나 신기하고 재미있어서 아랍 수학자들과 함께 그 공식들을 연구할 정도였어요.

그러나 안타깝게도 열정이 앞선 레오나르도는 서양에 이 열 개의 기호를 전하는 일이 보통 사람들을 혼란스럽게 하고 논

쟁을 일으킬 만큼 충격적인 결과를 가져올 것이라는 생각은 미처 하지 못했어요.

심지어 그의 작품이 발표된 지 80년이 지난 후인 1280년쯤에는 피렌체 시의 은행원들에게 피보나치 기호를 사용하는 것이 금지되었다고 전해지고 있어요. '대출 혹은 신용 계좌에 0의 사용을 금지한다.'라고 발표되었죠. 그리고 0과 함께 다른 아홉 개의 신비롭고 위험한 기호의 사용 또한 금지되었어요.

"특별히 0은 올바르지 못한 행위를 하는 데 쓰이기도 합니다. 0은 9 또는 6과 헷갈릴 수 있기 때문이지요. 위로 또는 아래로 날려 쓰기만 하면 쉽게 다른 숫자라고 우길 수 있어요."
은행원들은 이렇게 주장했어요.

물론 은행을 이용할 때 0을 변형해 나쁘게 쓰는 것은 채무자에게나 신용자에게나 매우 중대한 손해를 생기게 하는 문제였지요.

새로운 숫자와 특별히 0은 은행뿐만 아니라 토스카나 시골에서도 사고를 일으키거나 속임수를 허용했고, 이 때문에 점점 갈등이 일어났어요.

"이 종이에 제가 이웃 아저씨께 암탉 0마리와 닭 6마리를 빚졌다고 적혀 있어요."

"이것 보세요! 0의 모양을 변형시켜 암탉 0마리 대신 무려 9마리를 빚졌다고 하네요! 이런 계산 방법은 우리를 파산시킬 겁니다!"

이런 얘기를 하는 농부들이 생겨났어요.

곧 모든 사람들이 '0을 추방하자!'라는 의견에 뜻을 같이 하게 되었어요. 그리하여 토스카나에서는 피보나치의 기호 열 개가 잘 받아들여지기까지 많은 시간이 걸렸어요. 그러나 결국에는 시골부터 도시까지 모두가 그 숫자의 중요성을 이해하게 되었답니다.

꽤 오랜 시간이 지난 뒤, 사람들은 새로운 수 체계가 꼭 필요하다는 사실을 받아들였고, 주판과 로마 숫자는 아홉 개의 숫자와 신비롭고 둥근 기호 0에게 자리를 내주었지요.

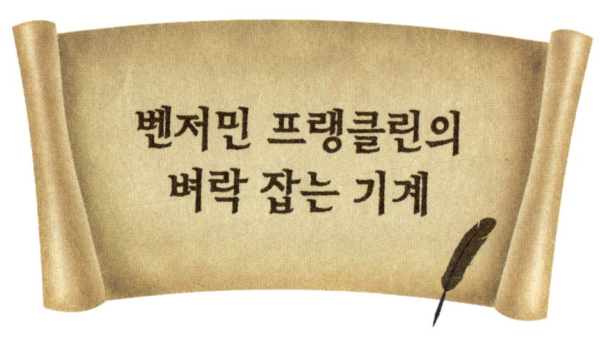

벤저민 프랭클린의 벼락 잡는 기계

　비바람이 불 때 번쩍이는 밤하늘의 불빛은 모든 시대와 지역에 상관없이 사람들의 마음을 사로잡았어요.

　고대부터 하늘을 쪼개듯 번개가 번쩍이고 천둥이 울릴 때면 누구든지 그 무서운 힘으로부터 스스로를 보호하기 위해 놀라서 달아나곤 했어요. 이토록 신비롭고 통제할 수 없는 하늘의 현상은 집과 수확물에 피해를 입힐 뿐만 아니라 종종 나무를 불태우고 가끔은 사람이 피해를 입기도 했어요.

　과학자들과 발명가들은 이런 현상을 계속해서 연구했지만 18세기까지 왜 번개가 생기는지 아는 사람이 없었어요.

　1700년대 중반에 이르러서야 전기 현상에 관심이 많았던 과학자 벤저민 프랭클린이 번개에서 나오는 에너지와 힘에 관한 최초의 이론을 세우기 시작했죠.

　어느 날 벤저민은 친구 베카리아 수사에게 다음과 같은 편지를 썼어요.

　"번개는 정말로 위험하네! 그 힘은 그들이 어떤 사물을 내려칠 때 발생되는 열기를 보면 알 수 있네. 번개를 맞게 되면 수백 년 된 거대한 나무도 꼭대기부터 뿌리까지 반으로 갈라진다네. 그리고 그렇게 쪼개진 뒤에는 나무에 불이 붙지!"

벤저민은 번개의 신비로운 힘이 두렵긴 했지만 도전하는 것을 좋아했어요. 그래서 하루는 그 힘을 집어삼킬 기구를 발명하기로 마음먹었어요.

"번개를 동반한 태풍에는 엄청난 전기 에너지들이 모여 있어. 어떻게 하면 번개를 가두어서 그것들이 더 이상 나무나

집 혹은 닿는 것마다 파괴하지 않도록 할 수 있을까? 전기를 끌어당기는 성질을 가진 재료를 이용해 도구를 만들면 어떨까? 그 도구가 번개의 전기 에너지를 차례대로 '먹어 버릴' 수 있도록 말이지. 하지만 내가 알고 있는 그 어떤 재료도 이런 특성을 갖고 있지 않아. 이를 어쩐담……."

그는 혼잣말로 중얼거렸어요.

그러나 벤저민은 포기하지 않고 자신이 아직 모르는 과학 분야를 연구해 보기로 결심했어요. 그리고 마침내 어느 날 전기를 끌어당길 수 있는 무언가가 존재한다는 것을 발견했어요. 그건 바로 금속이었는데 그중에서도 금이었어요. 이 발견 앞에서 벤저민은 흥분을 주체할 수가 없었어요.

"나무와 집들, 그리고 사람들은 더 이상 번개를 두려워하지 않아도 될 거야. 왜냐하면 내가 이 재료를 이용해서 그것들을 다 먹어 버릴 수 있는 도구를 만들 거거든!"

그리하여 발명가는 금속을 비롯해 자신의 새로운 도구를 제작하는 데 필요한 모든 재료들을 마련했어요. 그리고 얼마 지나지 않아 비록 가장 기본적인 모델(작품을 만들기 전에 미리 만든 물건. 또는 완성된 작품의 대표적인 보기.)이긴 했지만 역사상 최초의 '벼락(공중의 전기와 땅 위의 물체에 흐르는 전기 사이에 방전 작용으로 일어나는 자연 현상.) 잡는 기계'를 만들어 냈어요.

작업을 끝내고 태풍이 부는 어느 날 벤저민은 아들 윌리엄과 함께 집에서 가장 가까운 들판으로 향했어요. 그곳은 주택도 없고 사람도 살지 않는 곳이었죠. 두 사람은 그곳에 자신들이 발명한 기계를 설치했어요. 이 기계는 연 모양을 하고 있었는데 뾰족한 끝부분이 금속으로 마감되어 있었어요. 아버지와 아들은 이 기계를 아주 길고 값비싼 비단실로 땅에 묶었어요. 태풍의 강한 바람에 휩쓸려 날아가지 않도록 말이죠.

이윽고 천둥과 번개가 잿빛 하늘을 쪼개자 벤저민과 윌리엄은 위험을 피해 기계에서 멀리 떨어졌어요. 물론 두 사람은 이 새로운 기계가 벼락을 가둘 수 있는지 확인할 수 있을 만한 거리에서 이를 지켜봤지요.

비바람이 점점 심해지더니 드디어 벤저민의 발명품 근처에서 번개가 쳤어요. 그리고 깜짝 놀랄 만한 일이 벌어졌어요. 강렬한 빛을 뿜으며 하늘을 찢어 놓던 번개가 하나 둘씩 없어지더니 강렬하게 번쩍이는 빛이 기계의 뾰족한 부분에서 시작하여 비단실을 따라 엄청 빠르게 움직이더니 결국 땅 밑으로 삼켜져 없어지는 거였어요.

"아들아, 기계가 작동을 하는구나! 번쩍이는 빛이 실을 따라가다가 땅으로 없어지는 것을 보았니? 바로 내 발명품이 번개의 전기를 '먹어 버린' 거란다! 다음 번에는 좀 더 높은 곳에 기계를 설치해야겠어! 어서 집으로 가자. 새로 하나 만들어야겠어!"

벤저민은 흥분하여 외쳤어요.

다음 날부터 발명가는 진정한 최초의 '벼락 잡는 기계'를 만드는 데 필요한 재료를 마련했고 단 며칠 만에 그것을 완성했어요. 그리고 그것을 자신의 집에서 가장 높은 곳에 설치했어요.

"번개에서 가장 가까우려면 거의 하늘에 닿아야 할 거야,"

그는 계단 위로 기계를 끌고 올라가며 중얼거렸어요. 벤저민은 기계에 달린 특별한 재료로 만든 길고 긴 끈은 집의 벽면을 따라 늘어뜨린 뒤 땅에 닿게 했어요.

"번개가 기계의 침에 가까워지면, 그 힘이 여기에 갇혀서 저 끈을 따라 번쩍이며 내려가 땅 속으로 삼켜질 거야. 이런 식으로 모든 에너지가 땅 속으로 흩어지면 번개는 더 이상 그 어떤 피해도 일으키지 못할 거야!"

벤저민은 말했어요.

며칠 뒤 비바람이 치기 시작했어요. 발명가는 그 광경을 집 근처에서 지켜보며 대비했어요. 곧 번개들이 무섭게 번쩍이기 시작했는데, 그 기계의 침에 가까이 떨어진 벼락은 집어삼켜져서 마법처럼 사라졌어요.

결국 실험은 성공했고 벤저민의 '벼락 잡는 기계'는 〈피뢰침〉이라 이름 지어졌어요.

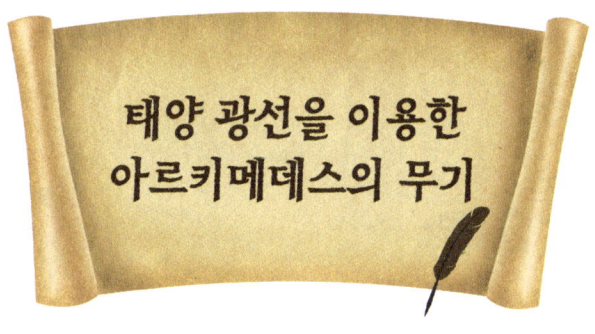

태양 광선을 이용한 아르키메데스의 무기

히에론 이세가 통치하던 시절에 로마와 시라쿠사 사이에는 평화조약이 체결되었어요. 그러나 히에론 왕이 죽자 그의 후계자는 로마와의 조약을 파기해 버렸어요. 결국 로마는 시라쿠사에 전쟁을 선포했고 마르켈루스 장군이 시라쿠스를 점령할 책임을 맡게 되었어요. 어마어마한 숫자의 로마 군대가 육로와 바닷길을 통해 곧 시라쿠사에 이를 것이라는 소식이 들리자, 히에론 왕의 후계자는 두려움에 떨며 발명가 아르키메데스를 불렀어요.

"아르키메데스, 로마인들이 우리 땅을 공격하려고 하네! 바

다로는 60척에 이르는 함대가 오고 있으며, 육로로도 그만큼 많은 군사가 올 것이라고 하네. 그들은 곧 우리를 공격할 걸세! 그러나 나의 군대는 그들의 공격을 막아 낼 만큼 강하지 않아. 자네만이 우리를 도울 수 있어!"
왕이 외쳤어요.
아르키메데스는 왕의 말을 주의 깊게 들은 후에 다음과 같이 물었어요.

"전하, 제가 어떻게 도움이 될 수 있겠나이까?"

"아르키메데스, 자네의 발명품만이 우리를 로마 군대의 공격에서 구할 수 있을 것이네!"

왕이 외쳤어요.

왕의 말투는 명령조라기보다 절망적이어서 아르키메데스는 마음이 움직였어요. 그러나 발명가는 왕이 내린 임무를 바로 수락하지 않고 이렇게 답했어요.

"전하, 저의 발명품들은 전쟁 무기들이 아닙니다. 저는 히에론 왕을 위해 거대한 대리석 덩어리를 들어 올려 옮길 수 있는 기구를 만들었습니다. 그리고 그를 속이려 하던 음모를 밝혀냈지요. 하지만 지금까지 군대를 공격하거나 도시를 방어할 수 있는 기계를 만든 적이 없습니다."

그러나 왕은 발명가의 말을 제대로 듣지도 않고 화를 내면서 소리쳤어요.

"아르키메데스, 너는 마르켈루스 장군이 이끄는 로마 군대를 막아야 한다! 그의 군대가 도착하기 전에 무엇이든 발명하란 말이다. 나는 로마인들이 우리를 점령하는 것을 절대로 허락하지 않을 것이다."

아르키메데스는 선택의 여지가 없었어요. 그는 왕이 내린 명령을 받아들이고 풀이 죽은 채 자신의 연구실로 돌아갔어요. 연구실에 도착하자 발명가는 머리가 복잡할 때마다 늘 그랬듯이 정원을 산책하기 시작했어요.

"전쟁 무기라니……. 잔디 사이의 개미도 못 밟는 내가 어떻게 그런 발명품을 만들어 낼 수 있단 말인가! 나도 참 불쌍하지, 이번에는 왕을 만족시킬 수 없을 거야!"

그는 혼잣말로 중얼거렸어요.

불행인지 다행인지 발명가의 머리는 자기 마음대로 켰다 껐다 할 수 있는 것이 아니었죠. 그리하여 아르키메데스는 비록 마지못해 한 것이지만 강하고 효과적인 전쟁 무기를 만들어 냈어요.

몇 날 며칠의 작업 끝에 아르키메데스는 자신의 연구실에서 나와 왕 앞에 섰어요. 이번에도 물론 훌륭한 결과물들을 가지고 말이죠.

"전하, 시라쿠사를 로마 군대의 공격으로부터 방어해 줄 여러 종류의 무기들을 설계해 봤습니다. 어떤 것들은 저의 발명품들이지만 나머지는 이미 가지고 있던 기계를 저의 지혜로 개량한 것입니다. 이 중 어떤 기계들은 적절한 훈련을 필요로 합니다. 그렇지 않으면 그것을 사용하는 사람에게 해를 입힐 수 있습니다."

아르키메데스가 말했어요.

"로마 군대의 공격으로부터 도시를 방어하기 위해 내 군사들을 훈련시켜야 한다면, 어서 훈련을 하도록 하게! 하지만 서둘러야 하네. 마르켈루스의 군대가 거의 도시 근처에 이르렀으니!"

왕이 대답했어요.

그래서 아르키메데스는 모든 군인들과 시라쿠사 사람들을 모아서 자신이 만든 발명품과 무기들의 사용법을 훈련시켰어요. 그런 다음 그들과 함께 마르켈루스의 무시무시한 군대가 도착하기를 기다렸죠.

어느 날 새벽, 바다와 육지를 통해 시라쿠사에 당도한 로마 군대는 도시를 포위했어요. 시라쿠사 사람들은 두려움에 몸을 떨었고 전투를 시작하기도 전에 이미 패할까 봐 걱정했어요. 그 무엇도 그리고 누구도 그토록 많은 군사들의 공격을 막을 수 없어 보였어요.

하지만 아르키메데스의 발명품 덕분에 시라쿠사인들은 도시를 방어할 수 있었어요!

로마 군인들이 성의 탑들을 공격할 준비를 하자 아르키메데스는 화살이 장전된 무기를 사용하라고 명령했어요.

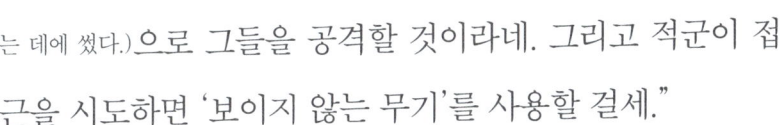

"로마인들이 도시에서 아직 멀리 떨어져 있을 때 우린 석궁(중세 유럽에서 쓰던 활의 하나. 돌을 쏘는 데에 썼다.)으로 그들을 공격할 것이라네. 그리고 적군이 접근을 시도하면 '보이지 않는 무기'를 사용할 걸세."
그가 주민들에게 설명했어요.

"어떻게 전쟁용 무기가 보이지 않을 수 있습니까?"
어떤 병사가 의심이 가득한 목소리로 물었어요.

"적들의 눈에 보이지 않을 뿐이네. 필요한 순간에 로마 군사들을 습격하기 위해 사용할 걸세. 이 무기에는 거대한 돌과 납덩어리를 실을 것이네. 그리고 이들을 묶어 놓는 끈을 자를 것인데, 그러면 돌과 덩어리들이 높이 던져져 날아가서 우리에게서 멀리 떨어진 적들 위로 떨어질 것이라네."
발명가는 대답했어요.

어마어마한 로마 함대가 도

시를 공격하기 위해 바다에서부터 접근하자 아르키메데스는 또 다른 천재적인 발명품을 사용했어요. 그건 바로 '포물면 거울(반사면이 회전 포물면으로 되어 있는 오목 거울. 구면 수차가 없고 축에 평행으로 입사한 빛은 초점에 모인다. 반사 망원경의 대물 거울이나 탐조등, 자동차 헤드라이트의 반사 거울 따위에 쓴다.)'이었어요.

전투가 시작되기 며칠 전 발명가는 자신의 정원에서 특별한 모양의 거울로 만든 이 새로운 무기를 시험해 봤어요. 그의 예

상대로 태양 광선이 정확히 거울의 중심을 때렸을 때 광선이 비추는 사물들엔 불이 붙었어요.

 아르키메데스는 이것을 로마 함대에게 사용할 수 있겠다고 생각했어요. 그는 이와 같은 원리를 이용한 거울들로 실험실에서 썼던 것보다 훨씬 커다란 무기들을 만들어 냈어요. 그런 뒤 시라쿠사 주민들에게 알렸어요.

"포물면 거울은 매우 위험하다네! 당신들을 산 채로 태울 수도 있다는 걸 명심하게나!"

안전을 위해 로마 군대가 시라쿠사를 공격했을 때 아르키메데스가 직접 거울 하나하나의 위치를 잡았고 각 병사에게 이를 어떻게 사용해야 하는지 주의 깊게 설명했어요.

"태양이 그 빛나는 광선으로 우리를 비춰 주길 기다리세. 내가 신호를 주면 거울을 덮고 있는 천을 벗겨서 빛이 닿을 수 있도록 해 주게. 비록 그 원리는 이해할 수 없겠지만 적들의 함대가 불타는 것을 보게 될 것일세."

병사들과 시라쿠사 주민들은 아르키메데스의 신호만을 기다렸어요. 그리고 태양이 기계 위에 닿자 그들은 태양 광선이 거울의 중앙에 반사되어 시칠리아 해변에 다가오는 적들의 함대로 향하는 것을 보았어요. 그리고 얼마 지나지 않아 배들이 하나둘씩 불타기 시작했어요. 먼저 닻에 불이 붙고 그 다음에는 배 전체로 옮겨갔지요.

함대가 불태워지고 거대한 돌과 쇠 포탄의 집중 사격을 받은 로마 군인들은 물러날 수밖에 없었어요. 아르키메데스가 발명한 무기들 덕분에 시라쿠사 사람들은 믿음을 가지고 전투를 계속할 수 있었고, 반면 마르켈루스의 군대는 굉장히 어려운 지경에 빠지게 되었어요.

그러나 시라쿠사 군대의 방어는 로마의 계속된 공격을 멈출 만큼 강하지 못했어요. 그리하여 오랜 전투 끝에 마르켈루스 장군과 그의 군대는 마침내 시라쿠사를 점령하게 됐어요. 시라쿠사를 점령하자마자 마르켈루스 장군은 다음과 같이 명령했어요.

"아르키메데스를 찾아 내게로 데려오라!"

로마 병사들은 발명가를 찾아다녔고 마침내 자신의 연구실에 앉아 무언가를 그리며 문제를 풀고 있는 그를 발견했어요.

"아르키메데스, 나를 따라올 것을 명한다. 마르켈루스 장군 앞으로 너를 데려가겠다."

병사가 소리쳤어요.

그러나 발명가는 짜증을 내며 대답했어요.

"이 문제를 푼 후에야 당신들을 따라가겠다."

그 말에 화가 난 병사는 칼을 뽑아 그를 죽였어요.

전설에 따르면 아르키메데스는 병사의 칼에 맞고서 이렇게 속삭였다고 해요.

"제발, 내 그림을 망가뜨리지 마시오."

그것이 그가 남긴 마지막 말이었다고 해요.

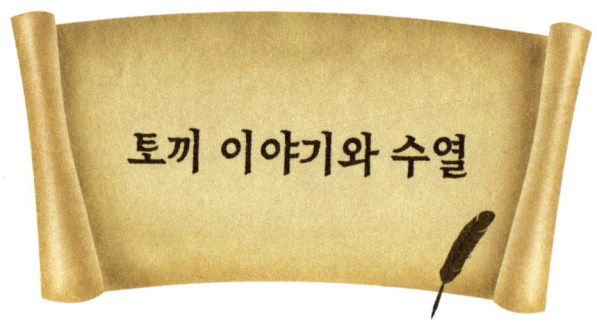

토끼 이야기와 수열

그 용맹함으로 '사자왕'이라는 별명을 가진 영국 왕 리처드 일세가 통치하던 때였어요. 해상 공화국 피사에서 좀처럼 보기 힘든 시합이 열린다는 것이 발표되었어요.

그 시합에는 창을 든 군인들 대신 수학자와 회계사(회계에 관한 감사, 감정, 계산, 정리, 입안, 세무 대리 등을 전문적으로 처리할 수 있는 법적 자격을 갖춘 사람.)들을 불러모았어요. 이 시합에서는 종이, 펜 그리고 주판으로 싸울 예정이었기 때문이지요.

많은 수학자들이 이 시합에 참가하기 위해 피사에 찾아왔어요. 미리 알린 시간이 되자 심판이 나와서 큰 소리로 외쳤어요.

"시합을 시작하겠습니다!"

그러자 모든 참가자들은 아주 큰 탁자를 둘러싸고 모였어요. 어떤 이들은 긴 나무 의자에, 다른 이들은 낡은 의자에 자리를 잡았고 모두가 가방에서 필기를 할 수 있는 종이와 계산에 필요한 나무 주판을 꺼냈어요.

그런데 그곳에서 혼자 조용히 떨어져 앉아 종이와 펜만 쥔한 참가자가 있었어요. 그의 이름은 레오나르도 피사노였어요. 어부들과 농부들, 귀족들, 성직자와 상인들까지 사람들은 모두 그를 머나먼 아랍 해안까지 자신의 사업을 넓혀가던 피사 상인의 아들, 피보나치로 알고 있었어요.

관객들이 자리를 잡고 수학자들이 준비를 마치자 무기를 쓰지 않는 시합이 시작되었어요.

"계산을 잘하는 사람들이여, 들으십시오!"

심판은 큰 목소리로 말했어요.

"제 말을 주의 깊게 들으십시오. 시합의 규칙을 읽어 드리겠습니다. 먼저 참가자들 중에 가장 먼저 문제를 풀고 정답을 맞히는 사람이 이기는 것임을 명심하세요."

그 말에 종이와 펜을 준비하고 심판의 설명을 듣던 학자들은 술렁거렸어요.

"이 시합은 토끼 한 쌍으로 시작하여 이들이 매달 새끼를 낳았을 때 13번째 달에 예상되는 토끼 쌍의 수를 계산하는 것입니다. 그런데 두 가지 조건이 있습니다. 토끼 한 쌍은 매달 한 쌍의 토끼를 낳으며, 각 쌍의 토끼는 두 번째 달부터 매달 한 쌍을 낳는다는 점입니다."

심판의 말에 학자들은 어안이 벙벙했어요.

"정말 이상한 시합이로군!"

자기들끼리 속닥거리며 말했어요.

"이런 괴상한 규칙이 어디 있단 말이오?"

관중들은 동시에 서로 물었어요.

하지만 심판은 조용히 시킨 뒤 문제를 구체적으로 설명했어요.

"1월에는 새끼를 낳을 수 있는 토끼가 한 쌍만 있고 이들은 그 다음 달에 토끼 한 쌍만을 낳을 수 있어요."

"심판 선생님, 첫 세 달 동안에 어떤 일이 일어나는지 조금 더 자세히 설명해 주실 수 있을까요? 그러면 모든 참가자들이 시합의 규칙을 확실히 이해할 것 같습니다!"

어떤 수학자가 물었어요.

"그렇다면 간단하게 설명 드리지요. 1월에는 첫 번째 토끼 한 쌍이 있어요. 이 토끼 한 쌍은 2월에 단 한 쌍의 토끼를 낳을 겁니다. 이제 제가 질문 하나를 드리죠. 3월에는 토끼가 몇 쌍이나 태어날까요?"

"두 쌍입니다!"

한 수학자가 자신의 주판 구슬을 대담하게 움직이며 외쳤어요.

"좋습니다. 그럼 어떻게 그 답을 얻었는지 설명해 주시겠습니까?"

심판이 다시 물었어요.

"3월이면 새끼를 낳을 수 있는 토끼 두 쌍이 있어요. 이 두 쌍의 토끼들은 3월 말이 되면 각각 새로운 한 쌍의 토끼들을 낳을 수 있습니다. 이러한 이유로 새로운 토끼 두 쌍이 태어날 수 있습니다!"

수학자가 대답했어요.

"여러분 모두 이 학자의 설명을 이해하셨나요? 도저히 모르겠다는 분이나 시합을 포기하고 싶으신 분은 지금 말씀하

셔도 됩니다!"

심판이 참가자들을 돌아보며 물었어요.

어떤 참가자들은 일어나 자리를 떠났고 남은 사람들 중에도 어찌할 바를 모르는 사람이 있었지만 심판이 시합의 시작을 알리는 바람에 남아 있었어요.

그때부터 학자들은 자신들 주판의 나무 구슬을 이리 저리 움직이며 계산하기 시작했고, 정신없이 종이 위에 숫자들을 썼어요.

그런데 고요했던 강당에 한 순간 어떤 중얼거리는 소리가 배경음악처럼 들려왔어요. 목소리는 다음과 같이 숫자들을 소

근거렸어요.

"1… 1… 2… 3… 5… 8…."

"누가 소란을 피우는 겁니까? 그게 누구든 간에 계속 방해하면 시합을 치룰 수 없게 될 것입니다!"

심판이 위협적인 목소리로 소리쳤어요. 하지만 목소리는 계속해서 숫자를 중얼거렸어요.

"조용히 하세요! 누가 계속 말을 하는 겁니까? 누군지 나오십시오!"

심판은 이번에는 더 강하고 엄숙한 목소리로 외쳤어요.

"저기 있어요! 저기 따로 앉아 있는 사람이에요!"

관중들이 한 목소리로 주판을 갖고 있지 않은 유일한 참가자를 가리키며 소리쳤어요.

"피보나치입니다!"

다른 목소리가 덧붙였어요.

"레오나르도 피사노입니다!"

또 다른 목소리가 외쳤어요.

심판은 관중에게 조용히 할 것을 명령했어요. 그때 피보나치의 목소리가 강하고 분명하게 울려 퍼졌어요.

"233! 이 문제의 정답은 233입니다!"

"말도 안 됩니다! 주판의 도움 없이는 누구도 이렇게 짧은 시간에 답을 구할 수 없습니다!"

다른 참가자가 말했어요.

하지만 레오나르도는 침착하게 설명했어요.

"이 시합의 규칙은 매우 복잡합니다. 하지만 저는 여기서 멀리 떨어진 지역에서 학교를 다니며 계산하는 법을 배운 덕

분에 이 문제의 답을 빨리 찾을 수 있었습니다. 저는 여러분의 계산 방법도 주판도 사용하지 않았기 때문입니다."

"그러니까 피보나치 선생, 만약 우리가 당신이 속임수를 쓴다고 생각하길 원치 않는다면 도대체 어떻게 이토록 믿기 힘든 계산을 주판 없이 그것도 이렇게 빨리 할 수 있었는지 설명해 주십시오!"

한 도전자가 흥분하며 말했어요.

"저는 어떤 속임수도 쓰지 않고 정답에 이르렀습니다. 그럼 방법을 간단하게 설명드리겠습니다."

레오나르도는 솔직하게 대답했어요. 그런 다음 자신이 사용한 계산식을 말끔하게 정리한 종이를 모든 참가자들에게 보여주기 위해 높이 들어 올렸어요. 종이에는 아주 잘 만들어진 표가 그려져 있었는데, 거기에는 각 달에 태어난 토끼 쌍의 수가 적혀 있었어요.

"여러분들의 눈으로 직접 확인하실 수 있듯이 이 표에서 제가 사용한 숫자는 여러분 모두가 쓰고 있는 로마 숫자가 아닙니다. 이것은 머나먼 외국 땅에서 가져와 제가 소개한 새

1월	1	7월	5+8=13
2월	1	8월	8+13=21
3월	1+1=2	9월	13+21=34
4월	1+2=3	10월	21+34=55
5월	2+3=5	11월	34+55=89
6월	3+5=8	12월	55+89=144

로운 열 개의 숫자, 바로 인도-아라비아 숫자입니다."
레오나르도는 종이를 더욱 높이 들며 말했어요.
"왜 그런 신비로운 숫자를 사용하셨나요?"
궁금해진 한 도전자가 물었어요.
"여러분, 이 숫자는 빠른 계산이 가능하도록 해 줍니다."
레오나르도가 대답했어요.
"저는 1월에 있는 단 한 쌍에게서 나온 토끼 쌍의 수를 한 달이 지날 때마다 계산했어요. 앞선 두 달 동안 태어난 토끼 쌍의 수를 간단하게 더해 주기만 한 것이죠. 예를 들어, 11월의 토끼 쌍을 계산하려면 34와 55를 더해 주기만 하면 됩니다. 이 숫자는 실제로 9월과 10월에 각각 태어난 토끼 쌍의 수이죠. 그런 방식으로 다음 해 1월의 토끼 쌍 수를 얻기까지 계속 더하면 됩니다. 11월과 12월에 태어난 토끼 쌍 수를 더하면 89와 144가 정확히 나올 것입니다."

설명이 끝나자 심판이 끼어들며 다음과 같이 말했어요.

"피보나치 선생님, 우리는 비록 당신이 사용한 이 신비로운 인도-아라비아 숫자를 사용하지도, 알지도 못하지만 아무 속임수도 쓰지 않으셨다는 사실은 분명하군요. 그러니 말씀해 보십시오. 당신의 최종 답변은 무엇인가요?"

"233입니다. 여러분은 주판을 갖고 계산해 보십시오. 같은 답이 나올 것입니다!"

레오나르도가 대답했어요.

"정답입니다. 당신이 이겼습니다!"

심판은 결론을 내렸어요.

그 말에 레오나르도는 일어나 모든 사람들을 의문에 빠뜨린 채 자리를 떠났어요. '이 새로운 숫자들은 어떤 신비로운 비밀을 숨기고 있을까?'라는 의문을 남긴 채 말이죠.

시합이 끝난 뒤 피사의 거리마다 사람들은 이렇게 속삭였어요.

"피보나치는 시합에서 속임수를 쓴 거래!"

그러다 오랜 시간이 흐른 뒤, 마침내 수학자들은 레오나르도가 집필한 두꺼운 책에서 토끼 이야기와 관련된 수열(일정한 규칙에 따라 한 줄로 배열된 수의 열.)에 대해 읽고는 모두 상황을 이해하게 되었죠. 사람들은 이 수열을 〈피보나치의 수열(첫 번째 항의 값이 0이고 두 번째 항의 값이 1일 때, 이후의 항들은 이전의 두 항을 더한 값으로 이루어지는 수열.)〉이라고 이름 지었답니다!

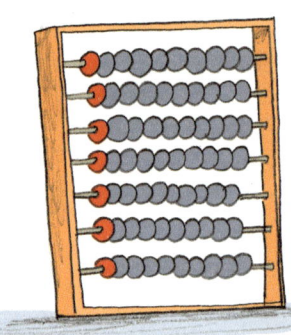